中国文化知识文库

中国古代绘画大师

徐　潜／主编

张　克　崔博华／副主编

许学权

吴锡军／编　著

吉林出版集团—吉林文史出版社

**图书在版编目（CIP）数据**

中国古代绘画大师 / 徐潜主编 . —长春：吉林文史
出版社，2013.4（2025.9重印）

ISBN 978-7-5472-1490-9

Ⅰ.①中… Ⅱ.①徐… Ⅲ.①画家-人物研究-
中国-古代-通俗读物 Ⅳ.①K825.72-49

中国版本图书馆 CIP 数据核字（2013）第 062890 号

# 中国古代绘画大师

ZHONGGUO GUDAI HUIHUA DASHI

主　　编　徐　潜
副 主 编　张　克　崔博华
责任编辑　张雅婷
装帧设计　映象视觉
出版发行　吉林文史出版社有限责任公司
地　　址　长春市福祉大路 5788 号
印　　刷　唐山富达印务有限公司
版　　次　2013 年 4 月第 1 版
印　　次　2025 年 9 月第 5 次印刷
开　　本　720mm×1000mm　1/16
印　　张　9.5
字　　数　250 千
书　　号　ISBN 978-7-5472-1490-9
定　　价　68.00 元

# 序　言

　　民族的复兴离不开文化的繁荣,文化的繁荣离不开对既有文化传统的继承和普及。这套《中国文化知识文库》就是基于对中国文化传统的继承和普及而策划的。我们想通过这套图书把具有悠久历史和灿烂辉煌的中国文化展示出来,让具有初中以上文化水平的读者能够全面深入地了解中国的历史和文化,为我们今天振兴民族文化,创新当代文明树立自信心和责任感。

　　其实,中国文化与世界其他各民族的文化一样,都是一个庞大而复杂的"综合体",是一种长期积淀的文明结晶。就像手心和手背一样,我们今天想要的和不想要的都交融在一起。我们想通过这套书,把那些文化中的闪光点凸现出来,为今天的社会主义精神文明建设提供有价值的营养。做好对传统文化的扬弃是每一个发展中的民族首先要正视的一个课题,我们希望这套文库能在这方面有所作为。

　　在这套以知识点为话题的图书中,我们力争做到图文并茂,介绍全面,语言通俗,雅俗共赏。让它可读、可赏、可藏、可赠。吉林文史出版社做书的准则是"使人崇高,使人聪明",这也是我们做这套书所遵循的。做得不足之处,也请读者批评指正。

编　者

2012 年 12 月

# 目　录

# "画圣"吴道子

吴道子（约680—759），唐代画家。画史尊称吴生，玄宗赐名道玄，后世尊称为"画圣"，被民间画工尊为祖师。少孤贫，初为民间画工，年轻时即有画名。后流落洛阳，从事壁画创作。开元年间以善画被召入宫廷。曾随张旭、贺知章学习书法，通过观察公孙大娘舞剑，体会用笔之道。擅佛道、神鬼、人物、山水、鸟兽、草木、楼阁等，尤精于佛道、人物，长于壁画创作，影响深远。

# 一、吴道子生活的时代及生平

## （一）吴道子生活的时代背景

吴道子，唐代画家，生卒年不详，大概生活在公元 685 年到 759 年前后，成年后又名道玄，尊称吴生，阳翟（今河南省禹县）人。少年时父母早亡，生活贫寒。早年为民间画工，年未弱冠之时，就已经掌握了高超的绘画技巧。神龙年间（705—707 年）事逍遥公韦嗣立，做了小吏。景龙年间（707—710 年）任兖州瑕丘（今山东省滋阳县）县尉，不久坚决辞官而去。之后，他浪迹东都洛阳，曾学书于张旭、贺知章，后专工绘画，并在寺观从事壁画制作。开元年间（713—741 年），他被唐玄宗召入宫中为宫廷作画，先后任供奉、内教博士，官至宁王友。他奉诏绘制了一些历史画或政治性肖像画（如《金桥图》），还常在长安、洛阳作壁画，观者如云，声名远播。天宝年间（742—756 年），他游历蜀地归来，在大同殿画出嘉陵江三百余里旖旎风光。玄宗因之称羡说：李思训数月之功，吴道子一日之迹，皆极其妙。

吴道子生活的时代正是封建社会的盛期，唐太宗、武则天以来唐代社会发展蒸蒸日上，是一个充满信心、希望与热情的时代，也是一个蕴藏着深深的矛盾和冲突的时代。佛教及佛教艺术在这时已完全中国化，得到广泛发展并与人民群众有密切的联系。同时，绘画及雕塑艺术本身也已发展到成熟的阶段，写实技法及吸取生活形象等方面都已达到相当高的水平。由此可见，盛唐时代具备了出现伟大的艺术家的条件。《历代名画记》说："圣唐至今二百三十年，奇艺者骈罗，耳目相接，开元天宝，其人最多。"吴道子、王维、张璪、李思训、曹霸、陈闳、杨庭光、卢楞枷、项容、梁令瓒、张萱、杨惠之、韦无忝、皇甫轸等人，都是当时的大画家。这么多的名家和数以千计的民间画工，争强斗胜，群英汇集，各显神通，绘画之盛，蔚为大观。

吴道子在这种环境的影响下，以杰出的天才迅速成长起来。吴道子的出现，是中国人物画史上的光辉一页。他吸收民间和外来画风，确立了新的民族风格，即世人所称的"吴家样"。他曾在长安、洛阳寺观中作佛教壁画四百余堵，情状各不相同；落笔或自臂起，或从足先，都能不失尺度。写佛像圆光，屋宇柱梁或弯弓挺刃，不用圆规矩尺，一笔挥就。他用状如兰叶或状如莼菜的笔法来表现衣褶，有飘动之势，人称"吴带当风"。他在长安兴善寺当

众表演绘画，长安市民蜂拥围观，当看到吴氏"立笔挥扫，势若旋风"、一挥而就时，无不惊叹称奇。就人物画来说，"吴装"画体以新的民族风格，照耀画坛。"诗圣"杜甫称他为"画圣"。宋代苏东坡说："诗至杜子美，文至韩退之（愈），书至颜鲁公（真卿），画至吴道子，而古今之变，天下之事毕矣。"吴道子为"百代画圣"。在历代从事油漆彩绘与塑作专业的工匠行会中均奉吴道子为祖师，由此可见他在中国绘画史上的地位之高。

### （二）吴道子的青年时期

吴道子年幼时父母双亡，生活贫寒，曾去洛阳追随当时擅长草书的著名书法家张旭、贺知章学书法。要探寻他青年时代的足迹，只有《历代名画记》提供的极为有限的线索："学书于张长史旭、贺监知章。学书不成，因工画，曾事逍遥公韦嗣立为小吏，因写蜀道山水，史创山水之体，自为一家。"由此可知，吴道子曾跟从当时名震天下的"草圣"张旭和诗人、书法家贺知章学习过书法，也当过小吏和地方官。

吴道子青年时代学书，意味着他本怀以书仕进的思想，只可惜没有学成。尽管如此，这段学书经历对他后来绘画笔法的创造，却至关重要。宋代大书法家蔡襄说："吴道子善画，而张长史师其笔法。"师生关系颠倒，应是距时较远以讹传讹的缘故，当以距时近得多的唐代美术史论家张彦远所撰《历代名画记》的记载为可信。

张旭是唐代书法家，字伯高，一字季明，吴郡（江苏苏州）人。初仕为常

熟尉，后官至金吾长史，人称"张长史"。张旭的书法，始化于张芝、二王一路，以草书成就最高，史称"草圣"。传世书迹有《肚痛帖》《古诗四帖》等。

张旭为人洒脱不羁，豁达大度，卓尔不群，才华横溢，学识渊博。与李白、贺知章相友善，杜甫将他三人列入"饮中八仙"。唐文宗曾下诏，以李白诗歌、裴旻剑舞、张旭草书为"三绝"。张旭又工诗，与贺知章、张若虚、包融号称"吴中四士"。他是一位极有个性的草书大家，因常喝得大醉，就呼叫狂走，然后落笔成书，甚至以头发蘸墨书写，故又有"张颠"的雅称。这种充满激情的生活作风与创作作风，可能也对师从过他的吴道子产生了深刻影响，吴道子"好酒使气，每欲挥毫，必须酣饮"，师生行径如出一辙。当然，这首先是因为吴道子也具备和张旭相同的秉性气质。

贺知章（659—744年），字季真，号四明狂客，唐越州会稽永兴（今萧山）人，早年迁居山阴（今绍兴）。少时即以诗文知名。贺知章诗文精佳，且书法品位颇高，尤擅草隶，"当世称重"，好事者供其笺翰，每纸不过数十字，共传宝之。他常醉辄属籍，常与张旭、李白饮酒赋诗，切磋诗艺。《旧唐书》说他"性放旷"，"醉后属词，动成卷轴"。两位名士如此相像，青少年时代的吴道子备受熏陶，应该没有疑问了。

吴道子学书不成，但在绘画方面很有天赋，转而去伺候韦嗣立，当个小吏。这也是不通过科举的另一条进身之道，光靠绘画是进不了仕途的，这样以后有机会，可以依靠关系当官。他学画不见有师从记载，应是钻研古今绘画名迹，靠天才颖悟无师自通的。他事奉韦嗣立时，曾奉命出差去四川画过山水，这为考证他当小吏的时间并以之推算生年提供了一点依据。

韦嗣立，字延构，郑州阳武（今河南原阳）人，武则天时任莱芜县令。韦嗣立初由进士为双流县令，政绩卓著。其兄韦承庆为凤阁舍人，公元695年（证圣元年），因病去任，朝廷召时任莱芜县令的韦嗣立代为凤阁舍人，深得武则天信任。武后长安时为凤阁侍郎。当时酷吏横行，人人自危，他却敢于挺身而出，犯颜直谏。提出"兴学校、洗枉滥"，但未被采纳。后受到州县非议，请求离开京城到外地补任，遂以凤阁侍郎身份为检校汴州刺史。由于其兄韦承庆依

中国古代绘画大师

附张易之兄弟，二张被诛后，韦嗣立因与二张友善被贬饶州。中宗景龙时任兵部尚书。韦嗣立因与万年（今西安市旧城一带）人韦后同姓，曾奉诏附韦后属籍。韦后临朝乱政，为玄宗所杀，韦嗣立为此受到株连，徙往陈州，死后追谥为"孝"，享年66岁。

吴道子跟随韦嗣立到神龙二年（706年）兼掌吏部选事为止，才离开去当瑕丘（在今山东）县尉，他能任县尉，当与韦嗣立正好兼掌吏部选事有关。这一年他二十多岁，人已成熟，又有当了三年小吏积累起来的官场应对经验，凭着韦嗣立的关系，获得一个低级职位易于执掌。

本来吴道子想学书进入仕途，学书不成却当了显宦的小吏，总算还顺利，做了县尉跻身官场，继续下去有望逐步升官，然而也未必能够顺心。著名诗人高适也曾当过河南封丘县令，有诗写道："只言小邑无所为，公门百事皆有期。拜迎官长心欲碎，鞭挞黎庶令人悲。"县尉管治安，有时要打老百姓，还要奉迎上级，使诗人受不了。可以想象，以吴道子的秉性，也不会满意当这样的小官，所以不久就放弃从政，到东都洛阳靠绘画谋生。这虽属推测，但合逻辑。当然还可能有其他的理由迫使他的生活变轨，只是我们无法得知。

## （三）吴道子的壮年时期

唐王朝的东都洛阳，是当时人才荟萃、艺术发达的文化中心。吴道子在那里施展才华，并有了很大的名声，以至于"明皇（玄宗）知其名，召入内供奉"。

据记载唐玄宗病中梦见一小鬼盗走玉笛以及杨贵妃的绣香囊。玄宗大怒，正要派武士驱鬼，忽见一大鬼奔进殿来。此鬼蓬发虬髯，面目可怖，头系角带，身穿蓝袍，皮革裹足，袒露一臂，一伸手便抓住那个小鬼，剜出眼珠后一口吞了下去。玄宗骇极，忙问是谁，大鬼向玄宗施礼，自称是终南山钟馗，高祖武德年间，因赴长安应武举不第，羞归故里，触殿前阶石而死。幸蒙高祖赐绿袍葬之，遂铭感在心，誓替大唐除尽妖魅。唐玄宗醒后，病也霍然而愈。玄宗令画家吴道子按其梦中所见画一幅钟馗图。图成，玄宗在画上批曰："灵祇应梦，厥疾全瘳，烈士除妖，实须称奖；因图异状，颁显有司，岁暮驱除，可宜遍识，以祛邪魅，益静妖氛。仍告天下，悉令知委。"有司奉旨，将吴道子《钟馗捉鬼图》镂板印刷，广颁天下，让世人皆知钟馗的神威。此事所叙未必是事实，但是皇帝赐给大臣钟馗画像作为新年礼物，的确是盛唐以来的惯例，如开元时的名人张说及其后的刘禹锡等，都有谢赐钟馗图和历日表的作品传世。

吴道子在宫中是高级宫廷画师，进宫后，有时要跟从玄宗外出巡游，以便随时奉旨作画。《唐朝名画录》里记载："开元中驾幸东洛，吴生与裴旻将军、张旭张长史相遇，个陈其能。"裴旻是唐开元间人。据《独异志》载，他"掷剑入云，高数十丈，若电光下射，漫引手执鞘承之，剑透空而入，观者千百人，无不凉惊栗"。又据《历代名画记》，画家吴道子因见裴旻剑舞，"出没神怪既毕"，乃"挥毫益进"。诗人李白曾从其学剑。文宗时，称李白的诗、张旭的草书、裴旻的剑舞为"三绝"，世人称他们三人分别为"诗仙""草圣""剑圣"。裴还以善射而著名，是位勇敢善战、武艺高强的将军，不是徒善舞剑而已。

这次吴道子重返洛阳已是四十多岁，正值入宫一年多后，画艺高超，精力旺盛，意气高昂，足可和裴旻及早年的书法老师张旭各显其才。吴道子与裴旻的缘分又是如何而来的呢？张彦远记："天宫寺三门吴画《除灾患变》。"壁画的名字就是《除灾患变》。开元年间，将军裴旻在家守母丧，到吴道子那儿，请吴道子为他在东都洛阳的天宫寺绘制几幅状写神鬼的壁画，用来给在阴间的母亲求得神佛的保佑。吴道子回答说："我已经很久不作画了。如果将军真的有意请我作画，为我缠绸结作彩饰，请舞一曲剑。或许因为你剑舞的勇猛凌厉，能让我的画重新跟阴界相通。"裴旻听了后立即脱去丧服，换上平常穿的衣裳，骑在马上奔跑如飞，左右舞剑，将剑一下掷入空中，高几十丈，然后像电光一

样射下来，裴旻伸手拿着剑鞘接着。从高空中坠落下来的宝剑，穿透了剑鞘。几千人围观，没有一个人不对这种惊险的场面感到惊惧。吴道子于是挥笔在墙壁上作画，随着笔墨挥舞，飒飒地刮起了大风。这种壮观的情景是世上罕见的。吴道子一生中画了许多画，他自认为得意的作品没有超过这幅的。

吴道子观裴旻舞剑，是艺术创造的特殊需

要，借以启发艺术灵感，引爆激情，顿悟理法奥妙等等。他的老师张旭也擅长这么做。《新唐书》本传说，张旭自言"始见公主担夫争道，又问鼓吹，而得笔法意，观倡公孙舞《剑器》，得其神"。意思是说他曾从公主的担夫与路人争道的闪臂动作与姿态里，以及鼓吹音乐的节奏中悟出书

法笔意。又从当时一位著名舞伎公孙大娘的剑器舞中，受到启发悟出书法的神气。张旭从中得到感悟，所以他的草书气势磅礴、穷尽变化，很有音乐舞蹈的韵律节奏美感。吴道子的人物画体态动作与衣纹变化，也有此美。

吴道子壮年时代作品颇多，也极有影响。他画有长安太清宫殿内的《玄元真》、长安净土院《金刚经变》、景公寺《地狱变相》、菩提寺《智度论色偈变》等等。

吴道子一生精力主要用于壁画、屏风和卷轴画的创作，题材几乎都与宗教有关。杜甫诗中说"画手看前辈，吴生远擅长。森罗移地轴，妙绝动宫墙。五圣联龙衮，千官列雁行。冕旒俱秀发，旌旆尽飞扬"，既称赞吴道子的画技，又描写了壁画场面与艺术效果，其中"妙绝动宫墙"一句，成为吴道子艺术风格与魅力的经典评语之一。

## （四）吴道子的晚年

吴道子晚年的情况并没有被直接记载，只有《历代名画记》中关于他的门徒卢棱伽的史料透露出一点重要信息：卢棱伽，吴弟子也，画技似吴，但才力有限。颇能细画，咫尺间山水寥廓，物像精备，经变佛事，视其所长。吴生尝于京师画总持寺三门，获得了大量钱财。棱伽于是自己偷偷画了庄严寺三门，锐意开张，颇臻其妙。一日吴道子忽然见之，惊叹曰："此子笔力常时不及我，今乃类我。是子也，精爽（精神、魂灵）尽于此矣。"过了一月后，棱伽果然死了。据《益州名画录》记载：棱伽，京兆（今陕西西安）人也。明皇帝驻跸（指安史之乱玄宗逃亡四川）之日，卢棱伽自汴（今河南开封）入蜀，嘉名高誉，播诸蜀川，当代名流都佩服他画画精妙。至德二载（757 年）起大圣慈寺，

「画圣」吴道子

乾元初（乾元仅三年，此指元年即758年）于殿东西廊下画行道高僧数堵，颜真卿题，时称二绝。

吴道子因获玄宗的赏识重视才得以施展艺术才华，但由以上记载可知，"安史之乱"时，吴道子并没有跟随玄宗逃难，身在何处，无人可知。"安史之乱"后，玄宗成了太上皇，失去实权，又时常痛忆仓促逃难时被迫赐死的至爱杨贵妃，过了几年就抑郁而死。吴道子没了靠山，也到了告老年龄，可能重返民间画坛，棱伽画庄严寺三门，是他去世前的最后创作，应是在开元初画完成都大圣慈寺，因叛乱已平而去长安以后的事情，最早也要到乾元二年（759年）。那时吴道子七十多岁高龄，不但健在，还总在寺观画壁画赚大钱。之后活了多久就不得而知了，所以卒年待考。

画圣的尊容如何呢？《历代名画记》提到，吴道子在长安千福寺西塔院以自己的容貌为模特画菩提像，想必长得雍容端庄，有富贵之相，否则怎么能作菩萨的模特？《唐朝名画记》也有一件有趣的记载：有一位在开元时期和吴道子齐名的画家杨庭光，曾于天宝中，偷偷在一幅壁画里把吴道子的肖像画在讲席众人当中，再带他去观看。吴道子看了很惊讶，对杨庭光说："老夫衰丑，何用图之？"并因这幅肖像而叹服杨庭光。天宝年间吴道子已六七十岁，所以自谦"衰丑"，但由此事可证明他的形象应该很好，杨庭光才会有兴趣画他。

吴道子的经济状况又如何呢？他是高产画家，又有极高的艺术地位，靠画壁画收入不菲。在唐代，收藏之风很盛，"凡人间藏蓄，必当有顾（恺之）、陆（探微）、张（僧繇）、（吴）道子著名卷轴，方可言有图画"，可知吴道子的作品市场有多大。他画一扇屏风，"值金二万"，差一点的"一万五千"，在当时是最高价位。不过"金"是指钱，不是黄金。

# 二、吴道子轶事

正史里对吴道子的描述并不是很多，但在民间流传着许多吴道子的故事，从另一个角度反映了吴道子艺术的影响力。

## （一）

吴道子少年失去父母，只好背井离乡，出外谋生。一天傍晚，吴道子路经河北定州城外时，突然发现前面有一座雄伟壮观的寺院柏林寺，便走了进去。

吴道子迈进院内，从大殿虚掩的门缝里，看见油灯下一位年迈的老和尚正在殿墙上聚精会神地画画。吴道子很好奇，悄悄推开门，轻轻地走了进去，站在老和尚身后看。老和尚一回头，发现一个十来岁的男孩这么出神地看他画壁画，打心里欢喜，便问吴道子："孩子，你喜欢这幅画吗？"吴道子点了点头。老和尚知道了他的身世后，抚摸着他的头说："你要愿意学画，就做我的徒弟吧。"吴道子听了忙磕头拜师。

这天，老和尚把吴道子领到后殿，指着雪白的墙壁说："我想在这空壁上画一幅《江海奔腾图》，画了多次都不像真水实浪。明天起我带你到各地江河湖海周游三年，回来再画它。"次日一大早，吴道子收拾好行李，就跟着老和尚出发了。走到哪里，老和尚都叫吴道子练习画水，开始他还认真，时间一长，就觉得有些腻烦了，画起来就不怎么用功了。老和尚把他叫到身边说："孩子呀，要想把江河湖海奔腾的气势画出来，非下苦功不可，更要一个水珠、一朵浪花地画。"说罢，老和尚打开随身带的木箱，吴道子一看怔住了：这满满一箱画稿，没一张是完整的，上面全是一个小水珠、一朵浪花或一层水波。这时，吴道子才知道自己错了。从此，他每天早起晚归学画水珠浪花，风天雨天，也打着伞到海边观望水波浪涛的变化。

光阴似箭，一晃三年过去了。吴道子画水很有长进，得到师父的赞赏。万

9

«画圣»吴道子

没料到，回寺的第二天，老和尚竟病倒在床了。吴道子跪在床前真诚地说："师父，我愿替您画那幅《江海奔腾图》。"老和尚见十五六岁的吴道子，竟说出这样有志气的话，心中大喜，病也好了一半，当下就答应了。于是，吴道子便走进后殿画起《江海奔腾图》来。整整九个月，他不出殿堂，吃喝睡全在里边，精心构思壁画。

深秋的一天，吴道子高兴地跑出后殿，跪在老和尚面前激动地说："师父，我已把《江海奔腾图》画出来了!请您去观看。"老和尚听后，病竟然全好了!他沐浴更衣，领着全寺院的和尚一同去后殿观赏。吴道子把后殿大门轻轻打开，只见波涛汹涌，迎面扑来!一位和尚大声惊呼道："不好啦，天河开口了!"众和尚吓得你挤我撞，争着逃命。老和尚心里有底，站在殿门口，看着扑面而来的浪花仰天大笑，冲着吴道子说："孩子，你画的这幅《江海奔腾图》成功啦!"从那以后，来柏林寺观赏临摹《江海奔腾图》的文人画师络绎不绝。但吴道子并不骄傲，他更加刻苦地学画，终于成为中国盛唐时期的"画圣"。

（二）

《卢氏杂记》记载了这样一个故事：有一次，吴道子去拜访某僧人，欲讨杯茶喝，但此僧对他不太礼貌。他很气愤，就请来笔砚，随即在僧房墙壁上画了一头驴，然后离去。不料一天晚上，他画的驴变成了真驴，恼怒异常，满屋地尥蹶子，把僧房的家具等物都给践踏得乱七八糟，满屋狼藉。这僧人知道是吴道子所画的驴在作怪，只好去恳求他，请他把壁上画涂抹掉。以后果然平安

无事了。画上的驴变成了真的，固然是一种神奇的传说，却反映了吴道子画动物具有传神之笔。

（三）

有一天，吴道子来朝鸡足山。他在金顶寺住宿的那天晚上，月亮格外明亮。他与跃治禅师对月饮酒，闲话古今，谈得非常投机。禅师说："久闻大师是丹青高手，乘此良宵，敢请大师即兴作画，一来让贫僧

开开眼界，二来也给寒寺留下一个永久的纪念，不知意下如何？”

吴道子连连点头，禅师便命小和尚侍候。道子略微想想，就拿起笔来，作了一幅《立马图》，那马画得真是活灵活现。刚要画最后一笔——马尾，忽然吴道子觉得胸闷恶心，十分难过，就把画笔一搁，快步走到院里，呕吐起来。执事和尚忙端茶水请画师洗漱，又搀回禅室安歇。第二天醒来，吴道子精神好些了，好像已经忘记了昨天画马之事，吃过饭便辞别众僧，下山去了。过了几天，禅师细看《立马图》，才发觉马尾巴还没有画，十分惋惜，但也无可奈何，只得将它挂在禅堂侧室里。禅师每天要在画前烧一炉香，一来怀念大师，二来观赏马图。看那马，越看越觉得活灵活现，好像嘶鸣着要跳下来。

不久后的一天，山下十来个村民闹闹嚷嚷地冲进寺院来，怒气冲冲地对禅师说：“你们寺里的秃尾巴马，天天晚上来吃我们的庄稼，这次被我们追着，它一直跑进你们这个寺去了，你们得赔还我们庄稼。”禅师真是“丈二和尚摸不着头脑”，说：“佛家养什么马？不信请你们遍寺搜一搜。”村民们到处去找，却连马的影子也没见到，他们想一定是禅师藏了，便和他纠缠不休。禅师想了半天，忽然想起那幅画来，便对农人们说：“众位乡邻，老僧确实无马，倒有一幅吴道子大师画的立马图，请进屋来看看。”庄稼汉们一看那图上的马，都大吃一惊，这秃尾马竟跟他们刚才追赶的秃尾马一模一样，看它嘴里，还衔着几根青麦苗呢！于是，他们指着画上的马说：“就是它，天天夜里偷吃我们的庄稼。”

禅师大怒，指着秃尾马画骂道：“畜生，留着你害人，不如送你到火塘里去。”

一说这话，只见那马跪了下来，两眼流着泪。村民们看着真是惊奇，觉得把它烧了也可惜，就说：“算了，只要它诚心改悔，不再糟蹋庄稼就行了。”

从那以后，人们经常看见有匹秃尾马从鸡足山下来，去帮村民们驮柴、驮麦、驮稻子。许多人不知道它的来历，可那十多个村民心里明白：它就是吴道子画的秃尾神马。

（四）

一天傍晚，"画圣"吴道子从新政离堆山观景回来，路过一座茅草房，里面传出纺棉花的声音，但不见屋里有灯光，他感到很奇怪。第二天一早，吴道子来到这茅草房前，一个白发老太婆走出来，请他进屋坐，请他喝茶。吴道子接过茶问："老人家你认得我吗？"老太婆说："认得，认得，我到街上卖线子，听人说你是吴画匠，还说你为人好，不巴结有钱人和官府。"吴道子点了点头，又问："你家有几个人？"老太婆伤心地说："丈夫死得早，前几年儿子也害病死了，剩下我这孤老婆子，就靠纺棉花卖线子糊嘴巴。"吴道子叹了口气，又问："你晚上纺棉花，为啥不点灯？"老太婆含泪说："吴先生呐，我白天夜晚不停地纺，赚的钱还供不起吃饭穿衣，哪有钱买油点灯呢！从儿子死后，已经三年没点灯了。"吴道子想了想，说："老人家，你的日子很苦，我也帮不了你什么忙，给你画幅画吧。"老太婆很高兴。

吴道子研墨铺纸，开始作画。先把蘸饱墨汁的笔往纸上一甩，纸上立刻出现许多亮晶晶的小点点，又用笔在小点点上轻轻涂几下，最后在空白处画了一个圆圈儿就算画成了。他对老太婆说："你把这画贴在屋里，会有用的。"老太婆虽看不出画的是啥，可是深信吴道子是个好人，不会骗她，她高兴地接过画，随即从床头边取出一把挽好的线子对吴道子说："操劳你了吴先生，我不晓得咋个报答你，就把线子送你去换笔墨吧！"吴道子说："我给你画画，不是为了

钱。要是为钱，你就是出一千两银子我也不会画的。你还是留着线子换米吧！"说完收拾画具出门走了。老太婆小心地把画帖在纺车前面的墙壁上。

天黑了，老太婆发现，那幅画竟是一片蓝天，上面有数不清的星星在闪光，一个圆圆的月亮把屋里照得像白天一样亮。从那以后，一到夜晚，画上的星星和月亮就发出光来，老太婆对着星月纺线比以前方便多了。

由此可见，吴道子的画具有高妙的技艺和强烈的艺术感染力。

中国古代绘画大师

# 三、吴道子的艺术成就

## （一）吴道子艺术的创作背景

隋唐两代处于封建社会盛期，国家统一、社会相对安定、经济繁荣、对外经济文化交流频繁且活跃，这都给文化艺术的发展带来了新的机遇。中国隋唐时代的绘画艺术随着社会经济文化的繁荣，在题材、内容和表现手法等方面，均取得了高度的成就，成为中国绘画史上的高峰之一。

人物画在隋唐时期占主要地位，著名画家有阎立本、吴道子等。中唐周昉善画天王和菩萨，创造了"水月观音"这一具有鲜明民族特点的宗教画新样式，一直为后代沿袭，被称为"周家样"。唐代人物画有的反映当时的重大政治事件，如《步辇图》；有的描绘功臣勋将，如《凌烟阁功臣图》；有的描绘相邻民族，如《西域图》《职贡图》；有的描绘皇室贵族，如《玄宗试马图》《虢国夫人游春图》；有的描绘文人雅士，如《醉学士图》。

唐代山水画有着多种风貌，金碧青绿与水墨挥洒并行，专门的山水画家日益增多，山水画即将进入成熟阶段。隋代展子虔所画山水具有咫尺千里之妙，唐代李思训、李昭道父子在山水画技巧上更有提高。王维也以水墨山水著名。随后花鸟画开始兴起，唐代花鸟画侧重描绘鹰鹘、仙鹤、孔雀、雉鸡、蜂蝶及花木竹石，大都工整富丽。由于武功隆盛和贵族游猎的风气，使鞍马等题材也成为绘画专科并取得了相当高的成就。由于印刷术的发明，版画也随之得到发展，唐代版画多用于佛像印刷，敦煌莫高窟发现的金刚经扉页画显示出较为成熟的雕印技艺。唐代绘画不仅大胆汲取、借鉴外来艺术的表现技巧，而且还通过中外经济文化的交流传播到其他国家，当时大食都城中有中国画工献艺，朝鲜半岛上的新罗曾在中国以高价收购名画家作品，中国绘画通过中日两国的使者、商人、留学生、僧侣等传入日本，对日本古代绘画的发展产生了很大影响。

「画圣」吴道子

唐代绘画灿烂而恢弘，体现了昂扬磅礴的时代精神和风貌。

唐代经济高度发达，绘画也得到了超越性的发展，尤其是人物画，形成了一种鲜明的时代风格，画技也达到了一个历史性的高度。比如阎立本的《职贡图》《步辇图》，张萱的《虢国夫人游春图》《捣练图》，周昉的《簪花仕女图》《调琴品茗图》等描绘的贵族人物，风姿绰约，肌理细腻，反映了当时唐代人物画水平之高，而被后人称作"画圣"的吴道子，他的作品更是受到普遍的欢迎，并多被加以渲染和神化，其实这也是社会对唐代人物画形成新的美学原则的认可。

唐代是中国画线条真正获得独立性格的时代。立于这个笔法高峰之巅的吴道子，承先启后，吸收了域外画法，又融合阎立本的中原风格，以其丰富多变、动感强烈的墨线，使客观事物的内在生命极大地具象、再现于画面。

吴道子的壁画被誉为"天衣飞扬，满壁飞动"。传世的《送子天王图》，以极尽夸张的手法把天王武将的须发、饭净王伏地而拜的神怪的头发描绘得"吼须云鬓，数尺飞动"。长安菩提寺里吴道子画的《维摩变》，其中舍利佛画奇妙到有"转目视人"的效果。赵景公寺的执炉天女，能"窃目欲语"。他的白描《地狱变相图》"笔力劲怒，变状阴怪，睹之不觉毛戴"，"都人咸观，惧罪修善。两市屠沽，经月不售"。人物真实生动的造型，具有极强烈的感染力，丰富的线条，使作画必须敷色的成法在唐代遭到质疑。

由吴道子创造的"药菜条"，已纯粹是中国风格。正切宋代米芾所概括的"行笔磊落，挥霍如莼菜条，圆润折算，方圆凹凸"。这种把线型加粗加厚、形成波折起伏的特点，也就是元汤垕所说的"兰叶描"。其行笔已不如六朝以来细若游丝的铁线描那么缓慢、拘谨，而是可以"立笔挥洒，势若旋风"。由于用线条的轻重来表现面的转折，描绘出衣纹的深、斜、卷、折、飘举的复杂变化，

所以有"吴带当风"的誉称。吴画着色的特点，也是他创造的"其敷彩也，于焦墨痕中薄施微染，自然超出绢素，世谓之吴装"。米芾认为"吴装"就是十种阴影法式的"浅深晕染"，即以淡的色度，就浅的阴面微染一过，便增强了线的表现力量，使人物形象脱壁欲活。

吴道子的宗教画具有浓郁的世俗化倾向。《送

子天王图》中的武将的脸型与唐代武士俑的面貌完全一致。他在千福寺西塔院的壁画里，居然把菩萨画成自己的样子。在《地狱变》中，他甚至把达官贵人打入十八层地狱，一定程度上表现了对神圣权威的蔑视。像吴道子这样，对神的世界不再加以宗教教义的束缚，而是按照现实生活的逻辑，自由地对宗教人物作现实的加工，反映了当时人民的幻想和情感。

从魏晋六朝到唐代，中国佛教画一直处在从西域风格向民族形式的转化过程中。经过曹、张、吴、周四家样，到了吴道子时代，民族化的宗教画创造成功了。在唐以后的宗教画中，人们把他的佛像壁画当作一种格式，这就是"吴家样"。不仅民间画工把他的画当作定格，五代以后的文人宗教画，都没有离开吴画的藩篱，朱繇、韩求以及南唐的曹仲离都属吴道子画派。宋初的王瓘，世称"小吴生"，孙梦卿，世称"孙脱壁"，其中北宋的武宗元学吴道子最为杰出。从这些可以看出"吴家样"影响之深远。

周昉承继吴道子，在外来佛像的中国化、世俗化上尤不遗余力。他改变了千篇一律的"三尊式"佛像仪轨，他画的菩萨在端庄之外，增添了活泼的情态。《历代名画记》说他"妙创水月之体"，这"水月之体"就是唐宋以来中国民间各式各样的观音菩萨的造型。本来印度的观音形象多为男性，还有两撇小胡子，然而到了中国，中国的艺术家却赋予其女性的特征，以体现观音菩萨大悲济苦的救世精神。虽然现在已看不到周昉的《水月观音像》，但从他擅长的"仕女画"中，亦可以一睹"周家样"的神韵。

所谓"周家样"，是指所画的仕女在造型上脸型圆润丰满，体型肥胖，酥胸，着团花长裙，从披纱中显露出丰满的肌肉，给人以温润、香软的感觉。这是当时上层妇女的真实写照，因而有"菩萨如宫娃"，释梵天女即是"齐公妓小小等写真"之说。周昉创的"琴丝描"，即是一种细劲有力、流利活泼的线型，这种线型加上淡墨晕染，特别适合表现手和肌肤的体积感及罗纱薄而透明的质感。"周家样"在外来设色浓艳的基础上与传统的线的勾画结合，为后代工笔重彩的人物画开辟了新的道路。

对于吴道子的艺术成就，唐代画论家张彦远有过详细的分析，认为吴道子

「画圣」吴道子

15

古今独奇，堪称"画圣"。其绘画的高超之处，在于他对线条艺术表现的贡献，其线笔势圆转，正侧深斜，卷褶飘举，观之宛然"天衣飞扬，满壁风动"，故有"吴带当风"之说。吴道子多才多艺，人物、佛道、鬼神、山水、草木、禽兽，无所不能，有"冠绝于世，国朝第一"之赞誉。

开元天宝年间正是吴道子绘画创作的极盛时期。这时他仅在洛阳、长安两京寺庙就留下壁画三百多壁，此外还留有大量卷轴画。据宋徽宗赵佶亲自主持编纂的《宣和画谱》载，几百年后，到宋代宣和年间（1119—1125年），宫廷中还收藏有吴道子的卷轴画九十三件。目前所知道的画迹、碑刻、画目以及关乎吴道子的画诗画跋、口传画迹、海外存迹等还有三百九十件。公认的吴画代表作品有《送子天王图》《八十七神仙卷》《孔子行教像》《菩萨》《鬼伯》等，现存壁画真迹有《云行雨施》《万国咸宁》等，现在台湾的《宝积宾伽罗佛像》《关公像》《百子图》等。还有一些真迹摹制品，如《吴道子贝叶如来画》（七幅）《少林观音》《大雄真圣像》等。海外存迹有流入德国的《道子墨宝》五十幅，流入日本的《溪谷图》等六幅。

## （二）吴道子的平生创作

吴道子一生虽然创作了许多作品，但真迹流传下来的很少。其原因一是毁于兵乱水火。比如天宝末年的安史之乱，玄宗逃往四川，皇室的书画毁损散失不计其数。到肃宗李亨回到长安，"不惜名迹"，将宫内残留下来的画随便赏赐给贵戚，有的贵戚不爱好书画，就鬻于不肖之子。因此，不少名画流散民间。唐末，黄巢起义，唐兵溃入京城，僖宗李儇逃往四川，溃兵及市民涌入宫中抢掠，"秘府藏画亦多有流散"。以后历代更迭，名画都有散失。明隆庆、万历年间国库空虚，皇室竟用内府名画折抵官吏俸禄，使许多名画流入贵族官僚之手。

1860年英法联军侵入北京，清皇宫的书画又被外国人大量掠走。二是会昌五年（845年）唐武宗曾以佛教"非中国之教"，下令毁灭佛寺，除京都长安、东都洛阳各留两寺，同州、华州、高州、汝州各留一寺外，其余尽皆毁去。全国共毁佛寺四万六千多所，僧尼归俗二

16

十六万多人。五代周世宗于955年四月下诏，严禁私自出家，当年废寺三千多所。吴道子的画大都是画在寺庙墙上的壁画，随着灭佛废寺，自然难以幸存。所以吴道子的真迹留下来的很少。但寺庙虽然废毁殆尽，毕竟有个别保留下来（河北曲阳北岳庙壁画）；宫廷所藏卷轴虽然几乎全部流落民间和国外，却也未必全部毁失。以下为古书中所介绍的吴道子的卷轴和壁画。

1. 《宣和画谱》中记载了吴道子的九十三件卷轴画，它们是：

《天尊像》一件

《木纹天尊像》一件

《列圣朝元图》一件

《佛会图》一件

《炽盛光佛像》一件

《阿弥陀佛像》一件

《三方如来像》一件

《毗卢遮那佛像》一件

《维摩像》三件

《孔雀明王像》一件

《宝檀花菩萨像》一件

《观音菩萨像》二件

《思维菩萨像》一件

《宝印菩萨像》一件

《慈氏菩萨像》一件

《大悲菩萨像》三件

《等觉菩萨像》一件

《如意菩萨像》一件

《二菩萨像》一件

《菩萨像》一件

《地藏像》一件

《帝释像》二件

《太阳帝君像》一件

《辰星像》一件

《太白像》一件

《荧惑像》一件

《罗睺像》二件

《计都像》一件

《五星像》二件

《五星图》一件

《二十八宿像》一件

《托塔天王图》一件

《护法天王图》二件

《行道天王图》一件

《云盖天王图》一件

《毗沙门天王图》一件

《请塔天王图》一件

《天王像》五件

《神王像》二件

《大护法神》十四件

《善神像》九件

《六甲神像》一件

《天龙神将像》一件

《摩那龙王像》一件

《和修吉龙王像》一件

《温钵罗龙王像》一件

《跋难陀龙王像》一件

《德义伽龙王像》一件

《檀相手印图》二件

《双林图》一件

《南方宝生如来像》一件

《北方妙声如来像》一件

2.《历代名画记》中记载了吴道子在长安、洛阳的六十八座著名寺观里的壁画，以下是他在各寺观的创作纪录：

西京长安

荐福寺："净土院门外两边，吴画鬼神，南边神头上《龙》为妙。"

"西廊菩提院，吴画《维摩诘本行变》。"

"西南院佛殿内东壁及廊下《行僧》，并吴画，未了。"

兴善寺（密宗祖庭）："东廊从南第三院小殿柱间吴画《神》，工人装损。"

慈恩寺（法相宗祖庭）：塔内"南北两间及两门，吴画并自题"。

"塔北殿前窗间吴画菩萨"。

龙兴观："大门内吴画《神》，已摧剥。""殿内东壁吴画《明真经变》。"

光宅寺："殿内吴生、杨庭光画。"

资圣寺："南北面吴画《高僧》。"

兴唐寺："三门楼下吴画《神》。""殿轩廊东面南壁吴画。"

净土院："院内次北廊向东塔院内西壁吴画《金刚变》，工人成色，损。""次南廊吴画《金刚经变》《郗后》等，并自题。""小殿内吴画《神》《菩萨》《帝释》。""西壁《西方变》亦吴画。"

菩提寺："佛殿内东西壁吴画《神鬼》，西壁工人布色，损。""殿内东西北壁并吴画，其东壁有《菩萨》转目视人。法师文淑亡何令工人布色，损矣。"（受损时间在元和末）

景公寺："中门之东吴画《地狱》并题。"（画于开元二十四年）"西门内西壁吴画《帝释》并题。""次南廊吴画。"

安国寺："东车门直北东壁北院门外画《神》两壁及《梁武帝》《郗后》等，并吴画并题。""经院小堂内外并吴画。""三门东西两壁《释》《天》等吴画，工人成色，损。""东廊大法师院塔内尉迟（乙僧）画及吴画。""大佛殿东西二《神》吴画，工人成色，损。""殿内《维摩变》吴画。""西壁《西方变》，吴画，工人成色，损。""殿内正南《佛》吴画，轻成色。"

咸宜观："三门两壁及东西廊并吴画。""殿上窗间《真人》吴画。""殿外东头东西二《神》，西头东西壁吴生并杨庭光画。"

永寿寺："三门里吴画《神》。"

千福寺：西塔院"绕塔板上《传法二十四弟子》，卢棱伽等人画，里面吴生画时，菩萨现吴生貌（即以自己的容貌作菩萨的模特）。""塔院门两面内外及东西向里各四间，吴画《鬼神》《帝释》极妙。""吴画《弥勒下生变》。"

崇福寺："西库门外西壁《神》，吴画自题。"

温国寺："三门内吴画《鬼神》。"

总持寺："寺门外东西吴画，成色，损。"（约画于乾元二年）

东都洛阳

福先寺："三阶院吴画《地狱变》，有《病龙》最妙。""寺三门两头亦似吴画。"

天宫寺："三门吴画《除灾患变》。"

长寿寺："门里东西两壁《鬼神》，吴画。""佛殿两轩《行僧》亦吴画。"

敬爱寺："（西）禅院内西廊壁画，开元十年吴道子描。《日苍月藏经变》及《业报差别变》，吴道子描，翟琰成。《罪福报应》是杂手成，所以色损也。"

弘道观："《东封图》是吴画。"

城北老君庙："吴画。"

## （三）吴道子作品分析

吴道子活了近八十岁，一生创作时间将近六十年。岁月流逝，及至今天，他的作品存世已经很少，能够见到的大约只有如下几件。

1. 《送子天王图》（又称《释迦降生图》）：纸本，白描，纸本卷长 35.5 厘米×388.1 厘米，无款，现藏日本大阪博物馆。这幅画的内容是描绘佛祖释迦牟尼降生为悉达王子后，其父净饭王和摩耶夫人抱着他去朝拜大自在天神庙时，诸神向他礼拜的故事。此图写异域故事，而画中的人、鬼、神、兽等却完全加以中国化，当是佛教在中国本土化，至唐日趋融合之势所致。此图意象繁富，以释迦降生为中心，天地诸界情状历历在目，技艺高超，想象奇特，令人神驰目眩。图中天王按膝端坐，怒视奔来的神兽，一个卫士拼命牵住兽的缰索，另一卫士拔剑相向，共同将其制服。天王背后，侍女磨墨、女臣持笏秉笔，记载这一大事。这是一部分内容。净饭王抱持圣婴，稳步前行。王后拱手相随，侍者肩扇在后，这是又一部分内容。就这两部分来看，激烈与平和，怪异与常态，天上与人间，高贵与卑微，疏与密，动与静，喜与怒，爱与恨，构成比照映衬又处处交融相合。天女捧炉、鬼怪玩蛇、神兽

伏拜的另一部分内容，则将故事的发展表现出了层次，通过外物的映衬将主要人物的内在心态很好地表现出来。画卷中人物神情动作、鬼怪、神龙、狮象等都描绘得极富神韵，略具夸张意味的造型更显出作者"出新意于法度之中，寄妙理于豪放之外"的艺术追求和艺术趣味。在这幅画中，吴道子打破了长期以来沿袭的顾恺之等人"紧劲连绵，如春蚕吐丝"那种游丝描法，开创了兰叶描，"行笔磊落，挥霍如莼菜条，圆间折算，方圆凹凸"。技法首重线条和用笔，笔势天矫，行于所当行，止于所当止，故线条流转随心，轻重顿挫合于节奏，以动势表现生气，表现了内在的精神力量。同时，他敷色比较简淡，甚至不着色。他在创作的时候，处于一种高度兴奋与紧张状态，很有点表现主义的味道。这些，似乎都透出了后来疏笔水墨画的先声。

《送子天王图》构思独到，气势磅礴，功力深厚，物象纷繁，给日后的宗教题材绘画尤其是佛道壁画带来了深刻的影响。吴道子壁画原作已不可见，现存纸本是后人的摹本，形神俱佳，亦颇可观。

这幅画未见有明代以前的任何记载，自明清以来被认为是吴道子真迹，然而现代学者表示怀疑，估计它是宋人摹本，或吴道子传派高手的作品。

2.《八十七神仙图》，纵 30 厘米，横 292 厘米，白描绢本。后被徐悲鸿得到并复制，新复制的《八十七神仙卷》为绢本、全长 1268 厘米、高 34 厘米。不仅保持了原作的神貌，而且准确、完整地再现了原作的每一个细节。

这是一幅白描人物长卷，由于年代久远，画作已呈褐色。它描绘的是一个道教传说。画中所表现的是东华帝君、南极帝君在侍者、仪仗、乐队的陪同下，率领真人、神仙、金童、玉女、神将前去朝谒道教三位天尊的情景。画面上神

将开道、压队；头上有背光的帝君居中；其他男女神仙持幡旗、伞盖、贡品、乐器等，簇拥着帝君从右至左浩荡行进。队伍里，帝君、神仙形象端庄，神将威风凛凛，众多仙女轻盈秀丽。画作者用刚中有柔、遒劲潇洒的线条描绘了风动云飘的神仙境界。

《八十七神仙卷》是至今存世屈指可数的中国古代重要艺术瑰宝，代表了中国唐代白描绘画的最高水平。画面以道教故事为题材，纯以线条表现出八十七位神仙出行的宏大场景，人物动态、神情各异，活灵活现，堪称"以形写神"的一大杰作。画面笔墨遒劲洒脱，根根线条都表现了无限的生命力，如行云流水，充满韵律感。仙乐声中众神仙脚踏祥云，御风而行，令观者顿生虔敬之心。

那优美的造型、生动的体态，将天王、神将那种"虬须云鬓，数尺飞动，毛根出肉，力健有余"的气派表现得淋漓尽致，那冉冉欲动的白云、飘飘欲飞的仙子，使整幅作品具有"天衣飞扬，满壁风动"的艺术感染力。全幅作品没有着任何颜色，却有着强烈的渲染效果。

这幅画的发现还有一个小故事。1937年春天，徐悲鸿应邀到香港举办画展。期间，他经由作家许地山介绍，来到德国籍的马丁夫人家中鉴赏书画。马丁夫人的父亲生前曾是德国驻华外交官，在中国生活了几十年，购买了大批中国书画文物，其中不乏精品。现在马丁夫人有意将其出售，特意带着几大箱字画到香港寻找买家。徐悲鸿仔细认真地鉴赏着每一件书画藏品，当打开第三个箱子，一幅发黄的长卷展开时，徐悲鸿的眼中放出惊异的光芒，几乎是叫喊着说："我就要这一幅！"成交之后，徐悲鸿先生将香港的画展搁置一边，一连数

日闭门不出，每日里展开画卷不停地观看，想从中看出这幅画的年代和出处。徐悲鸿反复琢磨，凭着自己多年对古画的鉴赏经验，他感觉这幅画的绘画风格、笔法特点明显带有唐代画圣吴道子的痕迹。他越看越激动，几天以后，他已经确定无疑自己购画时的判断没有错——这是一幅极有价值的唐代名家画作。他无比地兴奋、激动，将这件事形容为"平生做的最快意的一件事"，并制作了一方刻有"悲鸿生命"四个字的印章，郑重地加盖在长卷的画面上。为了更加酣畅地表达自己得到这幅画的感受，他揣摩良久，为这幅画写下了长长的题跋："……呜呼！张九韶于

云中，奋神灵之逸想——与世太平，与我福绥，心满意足，永无憾矣。"《八十七神仙图》的价值可见一斑。

3.《宝积宾伽罗佛像》，本幅绢本纵 144.1 厘米，横 41.1 厘米，左上边题纸本纵 22.6 厘米，横 7.9 厘米，现藏台北故宫博物院。图中画佛、协侍、天王与伎乐九人，上方有瘦金体真书"唐吴道子宝积宾伽罗佛像"，不知何人所题。人物风格完全不同于文献记载的"吴家样"，艺术水准不高，应是后世民间画工的伪作。此画原藏清内府，连乾隆题识也表示怀疑："瘦金所识，道子所图，如水中月，视乎否乎？"

4.《地狱变相》，"变相"是根据经文以图画表现演义故事。地狱变相故事是由佛说孟兰盆经而来，指的是"目连救母"的传说。说的是目连僧遍历地狱，途经刀山剑树、油釜汤河，受尽艰难，终于救出母亲。这个故事在佛教僧侣的大力宣传下，千百年来，使得轮回地狱思想深入人心，虽是迷信，却也起了一些警世与催人行善的作用。

吴道子所画的《地狱变相》是其代表之作。《东观余论》记吴道子在景云寺所画《地狱变相》时说："视今寺刹所图，殊弗同。了无刀林、沸镬、牛头、阿房之像，而变状阴惨，使观者腋汗毛耸，不寒而栗。"既然画中无"刀林、沸镬"般恐怖的直觉形象来辅助画面的"阴惨"，那么作品中当然要有比神灵鬼怪等更能强烈地感动人心的力量。据景云寺的老僧玄纵说："吴生（道子）画此地狱变成之后，都人咸观，皆惧罪修善，两市屠沽，鱼肉不售。"其艺术效果如此惊人，足见吴道子在佛画艺术上所取得的卓越成就。

吴道子的《地狱变相图》在宋代仍能见到，且有多种摹作、传刻。宋黄伯思说道子所画"变状阴森，使观者腋汗毛耸，不寒而栗"，这说明吴道子善于塑造富有特征和容易感染人的形象，并以整个气势、氛围给人深刻印象。苏东坡在《跋吴道子〈地狱变相〉》文中也说："观地狱变相，不见其造业之因，而见其受罪之状，悲哉悲哉！"这里说出了他看此图的感受。

后人有《道子墨宝》，是宋时民间画工画稿，人民美术出版社于 1963 年重印，第二十七至四十图为《地狱变相图》，观其图可略知吴画原貌。如：第二十七图画一官被捉，将被执送叛罪；第三十六图画一老官被扭送；第三十七图画一官送判，并有挖眼、锯杀之刑。这些画面的意思是指达官贵人、高级将领，他们作了孽，死后也同老百姓一样披枷受苦，入地狱受罪，这是吴画很独特的表现，就是在宋代官修的《宣和画谱》中，也不能不提到这是一种别出心裁的创作。这里反映出吴道子有一定的平等思想，在实际上突破了佛教题材的局限性，至少，他不同意现实生活中特权人物为非作歹，这种思想从绘画的艺术角度也反映出人民的民主愿望，散发着一种神奇的艺术魅力。

据《历代名画记》记载，赵景公寺老僧讲，吴道子《地狱变相图》画成后，"都人咸观，皆俱罪修善，两市奢沽，鱼肉不售"。说的是长安众人都去观看，惧怕下地狱受苦，齐心向善，因为佛教戒杀生，街市的鱼肉都卖不出去了。《道子墨宝》第三十一图就画一人，因屠牛在阎罗殿受审，图中一镜现出生前击牛之状。这就有警世之意。因此，《唐朝名画录》云："京都奢沽、鱼罟之辈见之俱罪改业者，往往有之。"说的是屠夫、渔夫见画后也有惧而改业的。这充分说明，吴道子的《地狱变相》产生了广泛的社会效应。

5.《道子墨宝》，纸本，白描，原藏德国德累斯顿博物馆，现存五十幅，1910年流出国外，原本已失传，仅存影印本。

现存的这部《墨宝》可能是明代画工的手笔，前页右下角有"臣吴道子"四字，画面还盖有"宣和"印，皆伪，但作品保留着一些吴道子的作风。画稿从第一页至二十六页画道教诸神，有天帝、五圣山君、天蓬元帅、立羽圣宝德真君、灵官马元帅、雷神、太岁、神龙等元帅，以及火轮天君、和合太保，此外还有太阳星、太阴星、火星、木星、仓颉等。第二十七页至四十页，画《地狱变相图》，描绘地狱阴森凄惨之状。被小鬼抓到阴间的"罪犯"，受到了挖眼、锯杀等各种刑罚。有一屠户，受审时面前放着一面"前相"镜，镜中现出屠户当日宰杀黄牛的行为。在地狱中，有权贵被抓来受审的情景，与史载"金胄杂于桎梏"相符。第四十一页至五十页，画秦代蜀守李冰在四川灌口兴修水利的故事，但情节已加以神化。《墨宝》是制作道教绘画的画稿，有些构图可能以

民间绘画旧本做依据。画中人物的线条挺括熟练，对空间的处理有一定水准，图中山崖的山形轮廓颇似敦煌莫高窟的唐画山水，有些则用上了南宋式的斧劈皴法，可以看出是具有相当技巧的画工所为。

6.《孔子行教图》，原刻在山东曲阜孔庙。

中国古代绘画大师

画上有"唐吴道子笔"，流传极广，影响很大。相传最早的孔子像是东汉元嘉元年武梁祠石刻中的《孔子见老子图》。到了晋代，著名画家顾恺之画有《孔颜二圣像》。在曲阜的孔庙圣迹殿，北宋时增加了相传临摹的顾恺之所绘的"先圣画像"，习称"夫子小影"，据说"小影"在孔子像中最真，最接近孔子原貌。现在学术界公认的是唐代画家吴道子的《孔子行教图》，其上的孔子国字脸、大耳、长髯、宽鼻、阔嘴，五官各个部位都比较突出，长得不俊但也说不上丑。

『画圣』吴道子

25

# 四、吴道子作品的艺术特色

吴道子是一位非常勤奋高产的画家，一生作画很多，非一般人所能比。他出身卑微、生活贫困、经历坎坷，亲身感受到了人间疾苦，这一切给他的绘画艺术生涯带来了深刻的影响，而他本身的绘画艺术实践又扎根在平民百姓之中，尽管他后来应召入宫，时时随驾出巡，但他的绘画创作仍然与平民百姓息息相关。他所创作的大量佛教壁画，也仍是带着民众的情感去深刻描绘的。所以，他的作品处处体现了民众的意愿，加以糅合高超娴熟的绘画技巧，凭借"意气"奋笔，"俄顷而成"一幅杰作，而受到历代人的赞誉。这也是他永垂不朽、万世永存的根本所在。

有关吴道子的绘画技法、技巧，唐朝的张彦远对其艺术风格做了全面而深刻的总结。他把吴道子放在文化艺术史上应有的地位，即与六朝三大画家顾恺之、陆探微、张僧繇齐名，以四家的用笔艺术为核心，写成了《论顾陆张吴用笔》一篇论文，还指出了"书画用笔同体"，而且"吴益为画圣"，他的艺术风格不同于顾、陆，却和张僧繇相似。前者是笔迹稠密的"密体"，后者则是笔不周而意周的"疏体"。随后，在《名价品第》中指明"顾、陆、张、吴为正经……其诸杂迹为百家"。也就是说，尽管吴道子原属杂迹、百家的民间画工，创作过大量的佛教壁画，但全面地从他的艺术风格看，毕竟是属于有文化历史地位的"正经"大画家。有《本传》中说："因写蜀道山水，始创山水之体。"这不但充分体现了盛唐山水画的重大发展，也突出了吴道子艺术风格的特殊性。

北宋大文学家、诗人、书画家苏轼对吴道子也是赞崇有佳。《沧浪诗话》

中说："盛唐诸公之诗，如颜鲁公书，既笔力雄健，又气象浑厚。"吴道子的画，正如李白的狂放开朗粗豪，杜甫的矫健骨力气势，又如颜鲁公书，挺然奇伟，"森森如剑戟，有着不可犯之色"。充满了慷慨激昂、欲拔剑起舞之势，体现出了强盛自信的民族精神。所谓"笔所未到气以吞"的雄放，就是苏轼对这种民族精神、艺术精神的感受和描述。接着书画家、批评家米芾就吴道子的绘画艺术，也做了赞颂说："行笔如莼菜条，圆润折算方园凹凸，装色如新。"同时代鉴赏家董逌，对吴道子画地狱变相诸图，作了详细的考证与著录，元代鉴赏家汤垕说："吴道子笔法超妙，为百代画圣。"

据史籍记载，吴道子"学书于张长史旭，贺监知章。学书不成，因工画"。张旭，有"草圣"之誉。杜甫在《饮中八仙歌》中有"张旭三杯草圣传，脱帽露顶王公前，挥毫落纸如云烟"之句。而贺知章，既是诗人，又以草书见长，"高楼贺监昔曾登，壁上笔踪龙虎腾"。吴道子虽"学书不成"，但肯定受到了两位草书大家的影响。从他早年常摹顾恺之画，位置笔意，极近相似。而从"春蚕吞丝"的高古游丝描发展出动感更为强烈、变化无穷的"莼菜条"，即可见此中一二。而吴道子的"疏体"，可以说是绘画与草书结合中的创世纪之体，正所谓"放笔如草书法"，它无所拘束，流走奔放，激情倾泻于潇洒的笔墨之中。

吴道子被视为"始创山水之体，自为一家"的具有变革意义的画家。"明皇天宝中，忽思蜀道嘉陵江山水，遂假吴生驿驷，令往写貌。及回日，帝问其状，奏曰：'臣无粉本，并记在心。'后宣令于大同殿图之，嘉陵江三百余里山水，一日而毕。""并记在心"是画家的一种"默记"，也是中国古代画家进行写生时的一种传统方法。他所记的不是山川表面罗列的一切，而是一山一水、一丘一壑足以引人入胜的境界。可见这是一个大宗师的真功夫。张彦远对吴道子的全面论述，得到后代诸大家一致认同。

吴道子生前所作宗教绘画不只是仙佛像，而且有很多大幅构图，其中有发挥了高度想像力的各种变相，他的笔下出现的各种仙佛形象，据说也是千变万化，进行了多种多样的创造。

目前流传的被认为是吴道子的作品，例如《送子天王图》卷、曲阳北岳庙的鬼伯、孔子像、观音菩萨像等，都很值得研究。《送子天王图》卷（宋代的临本）是一幅优秀的古代作品。图卷后一段取材《瑞应本起经》中净饭王抱了初生的释迦牟尼到神庙中，诸神为之慌忙匍匐下拜的故事。净饭王捧着婴儿，以一种小心翼翼的动作，充分透露出这一抱持者的崇敬心情；同时，那一跪拜

「画圣」吴道子

在地的孔武有力的天神，更不是单纯的跪拜，而是张皇失措、惶恐万状的神态，是精神上完全降服的表现。净饭王和天神的这两个有充分心理根据的动作便烘托出还在襁褓中的小小婴儿的不平凡和无上威严。通过人物的表情和内心的联系以阐明主题，在绘画艺术技巧的发展上有创新的意义。

曲阳北岳庙鬼伯的形象非常强健有力，是摹刻唐代蒲州刺史刘伯荣所画的壁画。曲阜孔子像是宋代绍圣二年的刻石。观音像石刻在全国各地辗转摹刻，极为常见。这些作品，无论是鬼伯夸张激动的表情、孔子群像的构图、观音的姿态，都明显具有唐代的风格，而且这些作品运用的线纹都是所谓的"莼菜条"——是历代公认吴道子的特长。

今天虽然不可能直接见到吴道子的作品，但综合以上历代诸大家的言论，根据历代文字记载绘制壁画的史料可知，吴道子在艺术贡献方面有如下几点：

1. 巨大的创作热情

吴道子一生曾作壁画三百余壁，《宣和画谱》犹著录九十三幅，由此可见，他一生作品数量是很大的。这一贡献，就是吴道子以过人的旺盛精力和不平凡的创作热情告诉后人："生命有限，潜力无限。"

2. 真实的描写

长安菩提寺佛殿内有吴道子画维摩变，其中舍利佛描绘出"转目视人"的效果。赵景公寺画的执炉天女"窃眄欲语"，有动人的表情。这都说明吴道子的宗教画很有生活的真实感。而且据张彦远称，他在长安千福寺西塔院画的菩萨就是画了自己的形貌。这一贡献，是告诉后人艺术的创造是以生活为基础。

3. 大胆的想像力

吴道子画的地狱变相数量既多，变化也多，如净土变、地狱变、降魔变、维摩变等，具有各种不同的情境和气氛。变相中的人物，据《两京耆旧传》说"奇踪异状，无一同者"。吴道子不仅描绘出各种不同的情景而且创造了丰富的、有着充沛力量的人物形象。张彦远描写他所画的人物为"虬须云鬓，数尺飞动。毛根出肉，力健有余"，"巨壮诡怪，肤脉联结"，由此可知是多么激昂、充满力量的形象。

吴道子的变相图中最有名的是《地狱变相图》。地狱变是张孝师所创，吴道子用了同一题材，进行了自己的创作。他的《地狱变相图》中"一无所谓的刀山、剑林、牛头、马面、青鬼、赤者、黑白无常，但却有一种阴气袭人而来，使观者不寒而栗"。图中并未描写任何恐怖的事物，却产生了强烈的感染力，使人在情绪上受到震动。据记载他在长安景公寺画的地狱变相"笔力劲怒，变状阴怪"，因而屠夫和渔夫都为之改变行业，怕因为危害了生命，将来会在地狱中受惩罚。这一地狱变相的画面我们知道得并不具体，但是从这些描写和记述中，可以得知它确实有震撼人心的力量，显现出巨大想像力。

吴道子的地狱变是宣传佛教的，然而其中却表现了"以金冑杂于桎梏"的景象。即把在人间作恶多端的高官显宦也同样带上手铐脚镣关进地狱。吴道子在那个时代，不可能对宗教迷信提出质疑，但却以其人之道还治其人之身，反映出贫苦平民理想中的众生平等。

4. 默画及解剖知识的谙熟

吴道子大都是在兴奋的时候对壁挥毫，技术熟练而造型生动，人们认为他一定有"口诀"，即有固定的方法。但是没有人知道那口诀如何，也就没有人知道他为什么能那么自由地挥洒。自《三百里嘉陵江图》后，人们知道了他那"并记在心"的超强默画能力。他在绘画上的娴熟技巧，每每被古人称道。

张彦远说："数仞之画，或自臂起，或从足先，巨壮诡怪，肤脉连接。"即他画丈余的佛像，可以从手臂开始，也可以从脚部开始，而且都能创造出极富表现力的形象，可见他对人体解剖知识谙熟。据载吴道子画直线和曲线从不利用辅助工具，"弯弧挺刃，植柱构梁，不假界笔直尺"，完全是空手描出。又据《梦溪笔谈》记载，他作佛像，最后画佛光的时候，"转背挥墨，一笔而成"，"立笔挥扫，势若风旋"，而引起观众的喧呼，甚至惊动了几条街道。

5. 技法特点

吴道子在笔墨技法上的特点主要有三点。第一，他描绘物象不是很工整的，所谓"众皆密于盼际，我则离披其点画。人皆谨于象似，我则脱落其凡俗"。第二，他作品的色彩不是很绚烂的，所谓"浅深晕成"，"敷粉简淡"，而被称为

"吴装"，甚至有不着色的"白画"（如景公寺的地狱变相）。第三，他在早年作画线纹较细，但后来所用的线条是"莼菜条"，可以表现"高侧深斜，卷褶飘带之势"，是以表现对象的细微透视变化高、侧、深、斜为目的，线条带有立体感。这种线条比曹仲达、顾恺之等人所擅长的铁线描更能敏锐地表现出客观事物的立体造型，和书法中的草书更接近。

6. 线描的改变

吴道子在描线上将六朝画风描线细而长的比较婉转的"高古游丝描"，与西域绘画中流行的凹凸法糅合在一起，创出了富有自己特色的艺术风格，把线描造型推向了一个更高层次。从存世的《送子天王图》画面可以看出：首先，在人物形象的处理上，那些佛教传说中的外国故事人物，都成了中国人，净饭王和摩耶夫人，形象庄严大方、神态安详自然，完全是中国帝后的形象和精神气质，尤其是几个天女的形象，体态端庄，美丽活泼，洋溢出纯真的情感和饱满的生命力，是唐代经济上升时期典型的青年女性形象。其次，画家在人物造型上充分发挥了传统的线描功能，并把用笔和速度、腕力，甚至情感以及书法因素结合来，有着抑扬、顿挫、方、圆、粗、细、疾、徐、劲、柔等多种变化，但又紧扣饱满矫健的形体结构和宽服大袖的衣饰特点，从而使人物形象富于立体感，显得真实生动。正如《广州画跋》所说："吴生画人物如塑，旁见周视，盖四面可意会。"最后，画卷着色很淡，接近白描。这也是吴道子的绘画特征之一。记载说他的画，"其敷彩，于焦墨痕中，略施微染，自然超出缣素，世谓之吴装"。这种施彩方法有别于传统的浓色平涂，也和西域传来的"凹凸法"不同，它保证了以线描为主要表现技法的传统形式，但又加强了体积感和形体结构的真实表现。

由上述几点可清楚看出，吴道子正是在新的历史条件下，继承发扬民族绘画传统而又吸取外来优点，化为己有，创造出了崭新的民族艺术风格。

7. 线纹的激状的律动的表现

宗白华论述道："抽象的线纹，不存在于物，不存在心，却能以它的匀整、流动、环绕、屈折，表达万物的体积、形态和生命，更能凭借它的节奏、速度、刚柔、明暗，有如弦上之音、舞中之态，写出心情的灵境而探入物体的诗魂。"所以中国画自始至终多以线为主。历史上，吴道子用以组成形象的线纹一向以运动感和强烈的节奏感而引起评论家的特别注意。他的线纹的表现或被描写为"磊落逸势"（唐·李嗣真），"笔迹遒劲""笔力劲怒"（唐·段成式），又或被描写为"落笔雄劲"（宋·郭若虚），"气韵雄状""笔迹磊落"（唐·张彦远）。线纹是一种表现的手段，而其本身所产生的效果也有助于形成吴道子作为一个伟大画家所特有的风格。这种线纹本身所产生效果，不应该强调为绘画艺术的唯一表现目的，然而予以适当的注意也会加强艺术的感染力。吴道子就是结合着内容的表现和形象的创造，在运用线纹上也渗透着强烈的情感，从而大大提高了绘画艺术中诸表现因素的统一性。

　　由以上所引述的特点，可以知道吴道子的作品中有着一种强烈而极度紧张的感情力量，吴道子在进行创作时陷入一种高度兴奋与紧张的状态。据载吴道子嗜酒，往往在酣饮之后动笔，这与他的老师张旭非常相像。吴道子观裴旻舞剑的故事，也可以说明这一点。吴道子从裴旻舞剑中得到了灵感，而激发起创作冲动，这就说明吴道子在进行创作前会有目的地培养自己的思想感情。

# 五、吴道子艺术的历史影响

## （一）吴道子弟子及其画风的流传

　　吴道子有一些弟子在他作壁画时充当助手，吴道子自己描线，他的弟子或其他工人替他着色。翟琰和张藏都经常为吴道子的画着色，而色彩浓淡效果良好。吴道子的壁画，也有经过不甚高明的工匠着色而受损的。

　　吴道子和他弟子的关系也不只是简单的合作。弟子们也独立作画，如弟子中最有名的卢棱伽就善于学习吴道子，吴道子曾授以"手诀"。这些弟子学习吴道子也有些变化，例如杨庭光下笔较细，但也是吴道子门下的高手，他曾把吴道子的肖像画在壁画中间，而引起吴道子的叹服。

　　吴道子的画法，师于张僧繇，书法学于张旭。虽然他初期的画笔仍带有六代脂粉习气，但中年以后，摄取众家所长，然后加以融会贯通，糅合变动，创造出富有个人特色的艺术风格，行笔磊落，不受前人束缚，脱尽凡俗。吴道子画路极广，他的山水画不着色，创用水墨画法，气魄豪放，以线条的雄浑流畅见长，且落笔快速大胆；他的人物画如塑然，隆颊丰鼻，瞬目陷眼，旁见周视，盖四面可意会，不但传神，而且八面生风；他画人物的衣服裙带总像被风轻轻吹起，大有"我欲乘风归去"之感；他对鸟兽画亦很在行，所绘龙的鳞爪舞动，传闻每天将要下雨的时候会生出烟雾。吴道子不但山水、人物、服饰、鸟兽画得好，而且佛像、鬼神、楼阁、林草花木，无不冠绝于世，所以世人称他为"百代画圣"。

　　吴道子将其"手诀"传授给弟子，而且在绘制壁画的实践工作中以合作的方式使弟子受到训练。吴道子又以各种个人独创的图样样式吸引着周围的画工，所以他在唐代宗教绘画方面产生了广泛的影响力。在唐代，吴道子独创的佛教图像的样式，被称为"吴家样"，是张僧繇"张家样"之后的一种更成熟的中国佛教美

中
国
古
代
绘
画
大
师

术的样式。"吴家样"也突破了北齐曹仲达以来的"曹家样"的影响支配，而成为与之对立的样式。"吴家样"与"曹家样"的显著区别，被宋代评论家用"吴带当风，曹衣出水"一语所概括。这两句话指出了两者在服装上的不同（前者是宽而松的衣服，后者紧紧贴在身上），也指出线纹表现的不同（前者是运动立体感较强的莼菜条，后者是紧紧依附人物形体结构和肌肉的传统铁线描）。曹家样和吴家样的分野也存在于雕塑艺术中。

吴道子自己也擅长塑像。和他一同学习于张僧繇门下而在雕塑方面发展起来的杨惠之，是古代最享盛名的雕塑家。吴道子的弟子中也有雕塑家，如王耐儿、张爱儿。吴道子的影响不局限于唐代的绘画和雕塑。他的画风在宋代仍为很多画家所追慕向往。北宋初年的宗教画家如王瓘、孙梦卿、侯翼、高益、高文进、武宗元等人都没有完全超出吴道子的范围。而在绘画史的发展上，宗教画自宋代以来，就没有出现过重大的改变。可以说中国风格的佛教绘画在吴道子的手中最终形成了，直到近代民间画工仍旧奉他为祖师，而且保存着绘塑不分的传统，都不是偶然的。

卢棱伽是吴道子的弟子中最有成就者，但据说只能勉强达到吴道子的水平，就因力竭而死了。他的作品比较细致，现存的《卢棱伽罗汉图》，只残存三幅。其中降龙的一幅，罗汉端坐石上，双手握杖，置于膝上，全身力量集中在双臂，虽无大幅度动作，但有无穷震慑的力量。这是借描写神态，从内在精神力量中表现出强大的威力。

梁令瓒《五星二十八宿图》是流传至今的一幅重要的唐代绘画，梁令瓒是精通天文学的道教徒，他的作品据宋代李公麟说很像吴道子。这一幅画是想象中的诸星辰神祇的形象，有的是动物的形象加以人格化的变形。

### （二）历代画家学者对吴道子的评价

中国历代都对吴道子的绘画技巧赞叹有加。苏轼有《凤翔八观》诗说："道子实雄放，浩如海波翻。当其下笔风雨快，笔所未到气已吞。"他评论吴道

『画圣』吴道子

子人物画："如灯取影，逆来顺受，旁见侧出，横斜平直，各有乘除，得自然之数，不差毫末。出新意于法度之中，寄妙理于豪放之外。所谓游刃余地，运斤成风，盖古今一人而已。"其中"新意"与"妙理"，是说传统法度之创新，寓于豪放挥写的艺术构思与精神内涵。在吴道子生活的唐代，就有人评价他"下笔直取，如有神助"，"不拭草稿，一气呵成"等。吴道子作画的特点有三：一是放笔直取、不差毫厘、神态各异、出神入化；第二是在众多观者在场的情况下，下笔如飞，兴致最佳；第三是无所不画，独创"疏体"风格。除了人物、佛道、鬼神外，他还画禽兽、山水、草木，且皆冠绝于世，影响了千百年的中国绘画。

吴道子的影响既广泛又深远，《宣和画谱》说："工道释，未有不以吴道玄为法者。"在他活动的年代，就已不仅影响了门徒与追随者，也影响了同代画家，所以米芾说唐人的画多像吴道子，很难鉴定。从画史记载看，唐代名家学吴道子的还不多，那正是艺术黄金时代的正常情况，人人都竞争创造，各逞天才，耻相效法，从而充分显示出那个时代不可企及的艺术成就。唐代以后，山水画大兴，人物画开始走下坡路，画家的创造性日渐减退，自觉或不自觉地匍匐在前代大师脚下，于是学吴道子的画家多了起来，不少人还是各个时代的重要代表。

《五代名画补遗》记载的有：朱繇，"神品"四人之一，"幼学吴道子笔迹，由是知名"（《图画见闻志》说他"酷类吴生"）。曹仲元（就是在《送子天王图》上题识的南唐翰林待诏，《图画见闻志》记为曹仲玄），"妙品"四人之一，"少学吴生"，"能夺吴生意思，时人器之"。王仁寿，"妙品"四人之一，"初学吴生，长于佛像鬼神及马等"，画京师大相国寺净土院八菩萨，被误认为是吴道子手笔。

北宋画家很崇拜吴道子，学他的名家更多。《圣朝名画评》记载的就有：王瓘，"神品上"，洛阳人，"少志于画，家甚穷匮，无以资游学。北邙山老子庙壁画，吴生所画，世称绝笔焉。瓘多往观之，虽穷冬积雪，亦无倦意。有为尘滓涂渍处，必拂拭磨刮，以寻其迹，由是得其遗法"，被评为当代第一（《图画见闻志》说："世谓之小吴生")。王霭，"神品中"，"追学吴生之笔，于佛像人物能尽其妙"。孙梦卿，"神品中"，"家世豪右，不事产业，志于图绘。常语从曰：'吾所好者吴生耳，余无所取。'故尽得其法。里中人目为'孙脱壁'（意思是说孙仿效吴的壁画，画得像是从原作壁上脱出来似的一点不差），又曰'孙吴生'，"识者以为吴生后身，数百年能至其艺者，止梦卿焉"。武宗元，"神品下"，"学吴生笔，得其闲丽之态，可谓睹其奥矣"。侯翌，"妙品上"，"学吴生释道画"。张昉，"妙品下"，"学吴生仅得其法"。（《图画见闻志》称他"笔专吴体"）王兼济，"妙品下"，"学吴生为画，得其余趣"。孙怀说，"能品中"，"喜丹青，亦学吴生，略得其奥"。李公麟，字伯时，北宋最著名的人物画家，被《图绘宝鉴》评为"宋画第一"，也是"佛像追吴道玄"。李公麟虽学吴道子，也极力想消除其画工技术性质。邓椿说："画之六法，难于兼全，独唐吴道子、本朝李伯时，始能兼之耳。然吴笔豪放，不限长壁大轴，出奇无穷；伯时痛自裁损，只于澄心纸上运奇布巧，未见其大手笔，非不能也，盖实矫之，恐其或近众工之事。"有此观念，吴道子阳刚壮美、雄强豪迈的风格气派，自然也在他的画中消失殆尽。为此，张丑《清河书画舫》批评说："吴道子画学，早岁受笔法于张伯高（旭），已是豪纵；中年观将军裴旻舞剑，而得其神。以故传世妙迹，激昂顿挫，有风行雷激之势，详辨旨趣，盖纵逸之祖也。至宋李伯时闻其风而悦之，专用正锋细描，虽古雅超群，不复吴之气概矣。"

李公麟只是一位典型代表，宋以后学吴道子的文人画家，都是如此。而以文人画家的气质，要学会吴道子的风格气派，其实也很困难。

《宣和画谱》称他"创意处如吴生，潇洒处如王维"，对后世颇具影响，学他者很多。现存传为他所作的《维摩天女像》最能体现吴道子的影响，通过它也可以了解和研究吴道子的艺术，特别是人物形体结构与衣纹画法，以补其遗世真迹不足之憾。

南宋偏安江南，难以见到中原的吴道子遗迹，加上人物画进一步衰退，学他者骤减，但仍有重要画家受他影响。

梁楷，《南宋院画录》说他的《高僧图》"画法简洁，盖效吴道子者"。他学贾师古，师古学李公麟，公麟学吴道子，所以梁楷也有吴道子画风的遗传基因。现藏上海博物馆的梁楷《八高僧故事卷》，衣纹确有"莼菜条"遗意。

马和之，《画鉴》称他"作人物甚佳，行笔飘逸，时人目为小吴生"。《图绘宝鉴》说他"山水效吴装"。他的传世作品尚多，行笔都作战掣的"莼菜条"而增加流动感，所以很飘逸。吴道子这种战笔样式的描法，只有他一位代表性传人。他还把这种笔法用来画树石云水，发挥了吴道子"莼菜条"的写意性，使其山水在宋代独树一帜，是学吴者中最善创新的一位画家。

马远，南宋山水四大家之一，也善人物。《南宋院画录》说他与马和之的白描人物"出于吴道子，此所谓兰叶描也"。他的真迹流传至今者也不少，此说有据。

元代文人画勃兴，文人画家多倾心山水花鸟画，措意人物画者少，吴道子的影响顿减，只有个别画家间接继承他的衣钵，如《图绘宝鉴》所载的金应桂画学李公麟，郭敏学武宗元。

明代是文人画昌盛时期，也是山水花鸟多而人物画少，但依然有人物画家学吴。徐沁《明画录》记载：丁云鹏"善画佛像，得吴道玄法"。张靖"工道释，兼精人物，行笔疏爽，入吴道玄之室"。号称"北崔南陈（洪绶）"的崔子忠，则是"人物俱摹顾、陆、阎、吴"。张庚《国朝画徵录》评价明代的仇英、唐寅和陈洪绶的人物画设色多学"吴装"，和历来其他画家主要学吴道子的笔法不同。仇、唐、丁、崔、陈均是明代最重要的人物画家，他们都接受了吴道子的影响，人数虽然不多，却集中了这一时代的精英。

明代最突出的学吴名家是吴伟，姜绍书《无声诗史》称他"山水人物，俱入神品"。他的生平经历也有些像吴道子，少孤贫，善绘事，也是因善画被召入

宫廷供奉，也好酒，并得皇帝欢心，授锦衣百户，赐"画状元"印。《明画录》说他"人物宗吴道玄，纵笔潇洒"。同代学他的人不少，如蒋贵、李著、张路、薛仁、宋登春等，以至于形成一个画派叫"江夏派"（吴伟是江夏——今湖北汉口人）。可以说，吴道子的法脉，赖他们而得以远传，他们的画迹犹存不少，皆可验证。

清代学吴道子的画家比明代少，最著名的学吴者是禹之鼎，他的人物画虽出入宋元诸家，但"其

写真多白描，不袭李公麟之旧（公麟把吴道子的人物白画完善为白描，后世白描人物画多楷法他），而用吴生兰叶法"。

此外有李世倬，"自言官晋土（山西）时，得吴道子《水陆道场图》而阅之，遂悟其法"。苏泽民"善画帝释诸天像，得吴道子遗意"。陆振宗"善画山水，兼工人物，尝摹吴道子画至圣先师并七十二贤像，勒石山阴学官"。

清代最善于学吴的画家应数任伯年，他的写意人物画，衣纹笔法正是遥接吴道子的写意精神，并作了天才的创造与发展，许多著名作品，如几种钟馗图，都很有代表性。现代写意人物画再从他的成果出发，又创造新的样式，但写意精神基本不变。

吴道子的主要成就与影响，在于宗教绘画，因此，除了文人士大夫画家师法他外，以宗教绘画为主业的历代民间画工更是奉他为"祖师"。宋代兴起新的文人画观念，在相当程度上消减了文人画家学习吴道子的热情，他的继承人越发以民间画工为主。

进入 20 世纪，社会变化激烈，宗教一度被视为封建迷信，其题材内容在中国画里扫荡殆尽，到今天 21 世纪之初，仍只是画家偶尔猎奇的对象。吴道子的艺术，于是转入美术院校，成为研究学习的传统瑰宝。学习人物画的国画学生，在临摹古代名画、掌握传统线描与造型技法时，常以《送子天王图》以及学他的后世名家如李公麟、武宗元、梁楷、任伯年的名作为范本，所以，吴道子的影响迄今仍没有中断。

# 宋徽宗赵佶的绘画贡献

　　宋徽宗赵佶（1082-1135），神宗第十一子，哲宗弟。在位25年，北宋国亡被金人俘虏，受折磨而死。徽宗自幼爱好笔墨丹青、骑马射箭蹴鞠，对奇花异石、飞禽走兽有着浓厚的兴趣，尤其在书法绘画方面，更是显现出非凡的天赋，堪称少见的"书画皇帝"。他在位时将画家的地位提升到中国历史上最高的位置，成立翰林书画院，即当时的宫廷画院，推动了中国古代书画艺术的发展。

# 一、宋徽宗赵佶的生平

　　根据统计，从秦始皇统一六国开始到宣统结束，中国的历史上一共出了一百多位皇帝。朝代有兴衰，皇帝当然也有好坏之别。

　　皇帝也是人，只不过是被冠上了一个"真龙天子"的头衔。所以说皇帝肯定和普通百姓一样，如果说当朝皇帝爱好治国之道，当然是黎民百姓的幸事，可如果当朝皇帝爱好的是吃喝玩乐，沉溺酒色，或者是痴迷于某种爱好不能自拔，于天下苍生就是祸事了。好的爱好可以陶冶情操，可以提高自身的修养，于国于民即使没有什么好处，至少是无害的。不过相对于皇帝们来说，无论他们爱好什么，都应该是业余的，也就是应该有一个主次的区别，因为他们的本职工作是治理国家，修身养性是为了更好地治国爱民，业余爱好是不应该干扰和影响他们治理国家的，副业是不能影响主业的，如果这个前提不保，反客为主，那么就要出麻烦了。

　　历史上众多的皇帝有着众多的爱好，类型五花八门：秦始皇嬴政喜欢游山玩水，从一统六国到他死去的十几年时间里，他到各地巡游就有五次，这里面还不包括短途的。唐玄宗李隆基是历史上著名的风流皇帝，他的文艺细胞比较发达，造诣极高，喜爱戏剧、歌曲、舞蹈，当时宫廷里的歌舞很多是他自编、自导的，甚至有时还自演，充分地"与民同乐"了。著名的《霓裳羽衣曲》和《霓裳羽衣舞》就是他的创作。南唐的两位皇帝李璟和李煜父子都是文学爱好者，特别是后主李煜，做皇帝当得不甚如意，却是一位文学大师，也有着极高的艺术天分，他善书画、通音律，当然造诣最高的是诗词，其中以词为最佳，"问君能有几多愁，恰似一江春水向东流"让人们记住了这位文学皇帝。明代熹宗朱由校在众多帝王中是很有特色的，用现在的话说是爱好有点儿"另类"，所

谓"另类"是因为他的爱好和皇帝不怎么挨边儿——他是一个天才的木匠，对木匠手艺近乎痴迷，凡刀锯斧凿、丹青揉漆之类的木匠活，均乐此不疲，亲自操作，而且他做的家具均精巧绝伦。据史书里的记载，折叠床就是他的发明。可以说这些皇帝都是很有才华的，如果他们不做皇帝，历史上将会出现很多艺术大师。从这些领域来衡量，他们是历史上出类拔萃的人物。不过，他们却忽视了最重要的一点——皇帝的职能和专业，所以在做皇帝这方面，他们注定是失败的，而且是失败得一塌糊涂。

宋徽宗赵佶可以说是非常有名的皇帝，无论从宋代的历史角度来讲，还是从艺术史角度来讲，都是很出名的。历史上他是有名的"丧国之君"，北宋王朝即结束于他手，而他又是著名的绘画大师，对于中国的美术发展作出了不可磨灭的贡献。宋徽宗擅长工笔花鸟及仕女画，不但能画而且还可以把绘画的经验总结，他著有很多有关绘画的理论文章，组织编辑了《宣和书谱》《宣和画谱》《宣和博古录》等著名美术史书籍，这些书籍对研究美术史具有相当大的贡献。同时宋徽宗还是一个书法家，自创了一种被后人称为"瘦金书"的书法字体，这种字体飘逸、潇洒而且舒展，给人的感觉就像是在看优美的舞蹈。

有历史研究者认为，宋徽宗或许是中国历代帝王中艺术天赋和才能最高的皇帝，如果他不做皇帝，他的名字可能会与米芾、黄鲁直等一并排列在艺术大家的行列，从而在中国的书画史上彪炳千古、独领风骚。但是造物弄人，历史偏偏把他推上了政治的舞台，使他成为一代帝王，更可悲的是大宋江山就毁于他的手中，因此他又是中国历代最糟糕的帝王之一。据说宋徽宗在"靖康之变"中被金人所俘，看到京都沦丧、皇宫中的金银珠宝甚至后宫嫔妃被金兵掳走时，他只是显得无奈；但当他听说皇城里的文物书画全被金兵掠走时，他顿时面无人色，泪下如雨，这不能不说是皇权符号下的一种身份和角色的错位。

他对于艺术可以达到一种痴迷的状态，并且把自己的爱好推广到社会中，造成一种社会文化现象，使北宋文化在宋徽宗时代创造了一段辉煌，在中国文化的发展史上也具有深远的意义。

宋徽宗赵佶（1082-1135年）是宋神宗的第十一子，元符三年（1100年）

右通廣內 左達承明
外階納陛 弁轉疑星
肆筵設席 鼓瑟吹笙
丙舍傍啓 甲帳對楹
圖寫禽獸 畫繪僊靈

宋徽宗赵佶的绘画贡献

41

即帝位，54岁去世，在位一共26年，是北宋第八代皇帝。

赵佶出生于元丰五年（1082年）十月十日，皇宫的富足生活使他自幼养尊处优，于是逐渐养成了轻佻放荡的性格。据说在他出生之前，宋神宗曾到秘书省观看收藏的南唐后主李煜的画像，"见其人物俨雅，再三叹讶"。随后就生下了赵佶。赵佶最初被封为端王，随着年龄的增长，赵佶的爱好逐渐变得声色犬马起来，游戏踢球样样精通。他虽然贵为亲王，却经常微服出入青楼歌馆去寻花问柳，据说当时凡是京城有名的妓女，他都光顾过，有时候他还将喜欢的妓女乔装打扮带入府邸，长期占有。这样的"习惯"在做了皇帝之后依然未改，《水浒传》第七十二回"柴进簪花入禁院，李逵元夜闹东京"里就有宋徽宗通过地道夜会名妓李师师的场景，看来有关他的"绯闻"并不是空穴来风。宋徽宗建中靖国元年（1101）正月，哲宗朝宰相范纯仁在常州病死，而在他的遗奏中就有劝皇帝"清心寡欲，约己便民"之言，言语严厉，非常直接地批评徽宗纵欲过度，这在宋朝大臣的奏折甚至是遗奏中都是很少有的。

赵佶的继位是很有戏剧性的，元符三年（1100年），他的哥哥宋哲宗赵煦（神宗第六子）驾崩，而且没有子嗣，显然，继位者只能从哲宗的兄弟中选择。神宗共有14子，当时在世的有包括端王赵佶在内的五人。赵佶虽为神宗之子，却非嫡出，按照宗法制度，他并无资格继承皇位。宰相章惇当时提出两个人选，按照嫡庶礼法，当立哲宗同母弟简王赵似；若论长幼，那么当立年长的申王赵佖为帝。这两个建议都排除了端王赵佶，然而，当时的向太后看中的恰恰就是赵佶。其实，赵佶并非是向太后所生，至于究竟是什么原因使向太后坚持立赵佶为帝，目前学术界尚无定论，这也许会成为一个千古之谜。据说这可能与赵佶在向太后心目中良好的印象有关，当时赵佶每天都到向太后住处请安，而且

他的爱好又很广泛，在长辈眼中可以称得上是又聪明又孝顺的孩子，因此向太后偏爱他。赵佶继位在当时曾有很大的阻力，而且都来自于朝中重臣，很多大臣认为其性格轻佻，并无治国之力，但是向太后全力推荐他，并用宋神宗的话来驳斥反对派："先帝尝言：端王有福寿，且仁孝，当立。"所以最后向太后力排众议立赵佶继位，赵佶时年十九岁。

在宋徽宗时期，宋王朝已经逐渐从辉煌走向没落，

中国古代绘画大师

奸臣当道，党争异常激烈，国内形势异常严峻，已如日薄西山。赵佶很侥幸地获得皇位后，也曾经如同很多皇帝一样踌躇满志，开始大刀阔斧地整顿朝纲，意欲调和变法派与反变法派之间的矛盾。其后，却以继承其父神宗的政策为由，重用以蔡京为首的六贼，大兴"党狱"，变乱法度，这在《续资治通鉴》中有记载。赵佶

即位的第二年，向太后就去世了，于是改年号为"建中靖国"，这时赵佶正式开始掌握政权，不过他治国无方，在位期间，爆发了多次民变，其中最为著名的就有大家比较熟悉的宋江、方腊起义。

宣和七年（1125年）十月，金军开始大举南侵，金军统帅宗望统领的东路军在北宋叛将郭药师的引导下，直取汴京。宋徽宗接报后，慌乱不已，连忙下《罪己诏》，承认了自己的过错，想以此来挽回民心，合力抗敌。但当时金兵已势如破竹，长驱直入，并迅速逼近汴京。宋徽宗又怕又急，竟然昏倒在床前，被救醒后，他伸手要纸和笔，写了"传位于皇太子"几个字。同年十二月，他宣布退位，自称"太上皇"，让位于其子赵桓，就是历史上的宋钦宗，而他则带着蔡京、童贯等贼臣，借口烧香仓皇逃往安徽亳州蒙城(今安徽省蒙城)。第二年四月，围攻汴京的金兵被李纲领兵击退北返，宋徽宗才回到汴京。可惜好景不长，靖康元年（1126年）闰十一月底，金兵再次大举南犯，并在二月十五日攻破汴京，北宋王朝宣告覆灭。金国把宋徽宗与他的儿子宋钦宗贬为庶人。靖康二年（1127年）三月底，金国将徽、钦二帝，连同后妃、宗室、百官数千人，以及教坊乐工、技艺工匠、法驾、仪仗、冠服、礼器、天文仪器、珍宝玩物、皇家藏书、天下州府地图等押送北方，汴京城中公私积蓄被掳掠一空。因为此事发生在靖康年间，所以史书称为"靖康之耻"。

据说，被俘后的宋徽宗听到财宝等被掳掠竟然毫不在乎，等听到皇家藏书也被抢去，才仰天长叹，由此可见艺术和金钱在他心中的差别。宋徽宗在被押送北方的途中，受尽了凌辱，先是爱妃王婉容等被金将掳走，接着到金国都城后，他被命令与赵桓一起穿着丧服，去谒见金太祖阿骨打的庙宇，意为金帝向祖先献俘。尔后，宋徽宗被金帝封为屈辱的昏德侯，关押在韩州(今辽宁省昌图县)，后又被迁到五国城(今黑龙江省依兰县)囚禁。囚禁期间，宋徽宗受尽精神

折磨，写下了许多悔恨、哀怨、凄凉的诗句。但是，他的悔恨只是限于"社稷山河都为大臣所误"，并没有认识到是自己的昏庸奢侈才导致了亡国和自己成为阶下囚的结局。同年七月，宋徽宗派臣子曹勋从金偷偷逃到南宋，行前交给他一件自己穿的背心，背心上写着"你(宋高宗)快来援救父母"。宋徽宗将这几个字出示给周围的臣子看，群臣都悲泣不已。宋徽宗哭着叮咛曹勋，切记要转告高宗"不要忘了我北行的痛苦"，说着取出白纱手帕拭泪，尔后将手帕也交给曹勋说："让皇上深知我思念故国而哀痛泪下的情景。"宋徽宗被囚禁了9年，南京高宗绍兴五年1135年四月，终因不堪精神折磨而死于五国城，金熙宗将他葬于河南广宁(今河南省洛阳市附近)。绍兴十二年（1142年）八月，宋金根据协议，将宋徽宗遗骸运回临安(今浙江省杭州市)，由宋高宗葬之于永佑陵，立庙号为徽宗。

宋徽宗在位共二十六年，他短暂的一生，充满了戏剧性的变化。在位期间，过分追求奢侈生活，在南方采办"花石纲"，搜集奇花异石运到汴京修建园林宫殿，整年在寿山艮岳、九成诸宫中写字、作诗、画画、听歌、看舞，对治国理财用人之道既无能为力，又漠不关心，将政治大权错托佞臣。他尊信道教，大建宫观，自称教主道君皇帝，并经常请道士看相算命，他的生日是五月五日，道士认为不吉利，他就改为十月十日；他的生肖为狗，为此下令禁止汴京城内屠狗，他任用贪官宦官横征暴敛，民不聊生，激起各地农民起义不断。靖康之难，国祚中断，宋徽宗的奢侈浮华生活从此终止，转而成为阶下囚，国家横遭掠夺，百姓惨遭蹂躏，宋徽宗本人也饱受离乱之苦。他晚年的凄惨境遇令人难以想象，这便是当初在神宗眼里"仁孝"且具"福寿"的端王赵佶的最后结局。

尽管如此，一败涂地的政绩并不能抹杀他在艺术史上的成就，从文化史、艺术史上来看，宋徽宗确实有其辉煌的一面。他在艺术上的造诣以及为推进中国美术发展所作出的贡献是巨大的，也是必须加以肯定的。比如他发展了宫廷绘画，广集画家发展画院，培养了像王希孟、张择端、李唐等一大批杰出的画家；他组织编撰的《宣和书谱》《宣和画谱》《宣和博古图》等书，是美术史上的珍贵史籍，至今仍有极其重要的参考价值。他本身也是一个艺术大家，邓椿在《画继·圣艺》中说："徽宗皇帝天纵将圣，艺极于神。"诗词书画各方面都达到了一定的艺术高度，尤其是绘画方面，无论山水、花鸟、人物，都能"寓物赋形，随意以得，笔驱造化，发于毫端，万物各得全其生理"。虽然宋徽宗治国无能，但艺术才能颇高，如果抛去"宋徽宗"三个字，单说赵佶这个人可称是一位诗、书、画样样精通的艺术大家，的确是一位难得的人才。

宋徽宗赵佶的绘画贡献

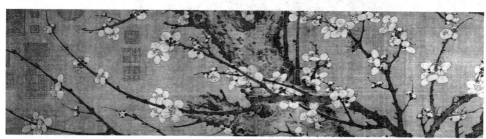

# 二、宋代绘画的历史背景

## （一）宋代是绘画的黄金时代

宋代重文轻武，是历朝中艺术的殿堂。历史上的宋代是一个颇具争议的朝代，和很多朝代相比有自己的鲜明特色，宋代的特点是"扬文抑武"，这一国策贯穿了整个320年的宋史，在外交方面是屈辱的，而文化艺术却是辉煌的，这些都形成了鲜明对照。在中国五千年悠久的历史长河中，宋文化以其异彩纷呈的独特魅力而名扬于世，甚至中外专家学者们都把它推崇为中国古代文化的高峰，认为它是近代文化的开端。比如在我国的文学史中，唐宋八大家为大家所熟悉，他们的作品也广为传诵，但是在唐宋八大家之中有六位都处在北宋时期，这绝对不是一种偶然。由此可以看出在宋朝时期，特别是北宋文化发展的繁荣。

北宋统一消除了封建割据造成的分裂和隔阂，北宋初期社会的局面是相对稳定的，人们也能够安居乐业。当时商业和手工业开始迅速发展，城市布局打破坊和市的严格界限，出现了空前的繁荣。而南宋时期虽然偏安一隅，地处江南，但是由于物产丰盛的江、浙、湖、广地区都在其管辖范围之内，大量南迁的北方人和南方人一起共同开发江南，经济、文化都得到继续发展并超过北方。北宋的汴京（今河南省开封市）、南宋的临安（今浙江省杭州市）等城市的商业空前繁盛，除了官宦和贵族聚集之外，还住有大量的商人、手工业者和市民阶层，城市文化生活空前活跃，市场上对于绘画的需求在这一时期也明显增长，而且绘画的服务对象也有所扩大，为绘画的发展和繁荣提供了物质条件和群众基础。

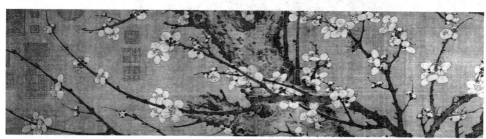

中国古代绘画大师

中国历史中宋代统治了三百多年时间，绘画艺术在这一阶段有了长足的发展，由于有着隋唐五代的良好基础，再加上广泛的社会基础，所以宋代绘画得以迅猛地发展，其中包括民间绘画、宫廷绘画、文人画等等，各自形成了一定体系，而且彼此之间又相辅相成，互相影响和吸收，从而构成了宋代绘画丰富多彩的局面，

出现了很多流传千古的作品。宋代美术，由于继承了唐五代的风气，已经不再专门为宗教服务，没有了羁绊，才得到了自由和独立的发展机会。绘画的卷轴形式就是在宋代盛行起来的，这些卷轴画中有一部分是由屏风及纨扇的装饰演变而来。由于绘画已经成为一种手工行业，市场的需要也刺激了绘画艺术的繁荣。

宋代的绘画艺术在技巧上又有了许多重要创造，着重于挖掘人物的精神状态和故事情节，注重于塑造性格鲜明的艺术形象。花鸟画、山水画追求优美动人的意境情趣，注意真实而巧妙的艺术表现，并努力进行形象提炼，有着高度的写实能力；文人士大夫的绘画对于绘画艺术的繁荣和提高也有极大的促进作用，他们在主观上的表达和笔墨用法的探索上尤有贡献；宫廷绘画在整个社会绘画的繁荣基础上也得到空前发展，其艺术成就也不容忽视。宋代的人物画在反映现实生活方面有了大幅度的进步。从唐代以画重大历史事件和贵族生活为主，扩展到描绘城乡市井生活的各方面：比如王居正的《纺车图》、张择端的《清明上河图》等，都显示了画家视野的扩大和对现实生活的兴趣与热情。宋代城市中描绘民俗题材的节令画，比如《岁朝图》《五瑞图》《大傩图》《观灯图》也纷纷出现。描绘贵族文人生活的绘画仍然流行，带有情节的肖像性绘画，如李公麟《西园雅集图》、赵佶《听琴图》也都具有较高的艺术成就。宋代宗教画中出现更为鲜明的世俗化倾向，以热闹的场面、有趣的情节吸引观众。道教画中创造了大量的神鬼形象，不少是根据现实人物形象而画成。宋代前期，吴道子画派在壁画中占有绝对地位，从现存壁画粉本《朝元仙仗图》就可见其艺术风貌。宋代墓室壁画之数量、质量已经不能与汉唐相比。山西高平开化寺壁画、正定静志寺塔和净众院塔基地宫壁画、敦煌莫高窟宋代壁画以及河南等地区发现的宋墓壁画等，都是考察宋代壁画的重要遗存。

宋徽宗赵佶的绘画贡献

47

宋代是中国绘画的黄金时代，单从绘画角度来说，宋王朝统一中国后，对于绘画起到了积极的推动作用。在五代南唐、西蜀建立画院的基础上，宋代继续设立翰林图画院，从而使众多画家有了一个远大的奋斗目标，也为宫廷培养了很多绘画人才。原来五代时期画院的高手都在宋代画院供职，宋代的画院成为全国绘画和创作的中心。据说当时为了给新建的玉清昭应宫绘制壁画，画院主持向全国招募画师，应召画家竟然超过三千人，在信息并不发达的北宋时期能有如此多的人来报名，也足以看出当时绘画的繁荣。特别是在北宋徽宗时期还曾一度设立画学，把绘画作为正规的学问来做，在历史上也属首次。宋代多数的帝王如仁宗、神宗、徽宗、高宗、光宗、宁宗等人都对绘画有着不同程度的兴趣，出于各种不同的目的，比如装饰宫廷、图绘寺观等需要，都很重视画院建设。特别是宋徽宗，他本人在绘画上就具备较高的修养，他还注意网罗画家，扩充和完善宫廷画院，并不断搜访名画充实内府收藏，导致了宫廷绘画的空前兴盛。当时北宋的画院里集中了全国的优秀画家，体现了当时较高的水平，创作出如郭熙的《早春图》《关山春雪图》，张择端的《清明上河图》《西湖争标图》，王希孟的《千里江山图》，李唐的《采薇图》《万壑松风图》，马远的《踏歌图》《水图》等一大批成功的作品。

当然，绘画的基础还在民间，宋代绘画已经开始进入手工市场，与更多的群众建立起密切的联系。当时已经有一批技艺精湛的职业画家，将作品作为商品在市场上出售，汴京及临安都有纸画行业。据说汴京的大相国寺每月开放五次庙会，百货云集，其中就有卖书籍和图画的摊位。南宋临安的夜市也有细画扇面、梅竹扇面出售，汴京、临安等地的酒楼也以悬挂字画美化店堂，作为吸引顾客、渲染气氛的一种手段。甚至市民家中有婚丧嫁娶、喜庆宴会需要装饰，也可以租赁到所需要的屏风、画帐、书画陈设。为适应年节的需要，市场在岁末时还有门神、钟馗等节令画出售，当时的书画市场极为兴旺。所以说，社会对绘画的需求和民间职业画家的踊跃创作，是推动宋代绘画发展的重要因素。宋代绘画，达到了前所未有的繁荣程度。在此基础上，有关于绘画理论的著述书籍也应运而生。画史、画论、绘画赏鉴及收藏著录等著作在宋朝流行一时，比如《图画见闻志》《宣和画谱》《画史》《林泉高致》等等，这些艺术

著述都对今天的绘画艺术研究和历史科考具有重大的意义和价值，成为研究古代绘画的依据。

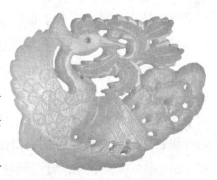

相对于隋唐五代时期，宋代绘画的分科则显得更加细致和专业化。宋徽宗时期曾兴办过画学，虽然时间不长，却十分细致周密，这些现象都反映了绘画的表现范围在不断扩大，题材分工也逐渐周密和细致。因此在两宋时期，中国的绘画艺术在进一步趋于成熟和完善，民间的创作热情空前高涨，出现了一个鼎盛时期。朝廷设置画院，扩充机构编制，广招人才，并且给予官职，这些都刺激了绘画的发展，宫廷绘画在当时盛极一时，文人学士也把绘画当作雅事并提出了鲜明的审美标准，文人画蔚然成风。所以北宋时期画家辈出，佳作频现，其内容、形式和表现技法都出现了丰富精彩、多方面发展的繁荣局面。

宋代绘画的发展，大致可以分为四个阶段：在宋初一百余年间，大体还是遵循着隋唐五代时期的绘画风格。北宋开国后，汴京一带理所当然地成为经济、政治的核心，而绘画艺术也逐渐向这里靠拢。北宋初期的宫廷画院先后集中了来自西蜀的黄居、黄惟亮、夏侯延、赵元长、高文进等，南唐的董羽、厉昭庆、蔡润、徐崇嗣等及中原一带的王霭、赵光辅、高益等画家。当时院体花鸟画以黄家富贵体为规范，道释画中以吴家样影响最大，山水画以院外画家成就最高。此外，李成善画寒林平远，范宽善画崇山峻岭，许道宁善画平远、野水、林木，他们三人皆先后在不同方面发展和丰富了荆浩、关仝的北方画派。以董源、巨然为代表的江南画派在此时期则影响不大。当时画院内外以山水画知名的还有燕文贵、翟院深、高克明、李宗成、屈鼎等，擅长宗教壁画的有高文进、武宗元等，花鸟画则有赵昌、易元吉、王友等，这些画家的创作实践，酝酿着北宋绘画风貌的新变化。

熙宁和元丰之际，出现了以李公麟为代表的鞍马人物画，以郭熙为代表的山水画，以崔白为代表的花鸟画。他们在内容及艺术上都展示出崭新的风貌，都具有精湛的技巧和深厚的修养。李公麟以单纯朴素的白描形式，精确地表现了不同阶层、民族、地域人物的特征，特别是在刻画士大夫生活形象和情趣上，获得了极大的成功。崔白和郭熙都可以不经起稿而放手作画。崔白描绘季节气

49

候变化中禽鸟的情态，善于表现败荷凫雁的荒情野趣，突破了宋初以来画院内黄氏体制的规范，取得了更为自然生动的效果。郭熙通过对景色季节及气候的描绘，表现了山水林泉的幽情雅趣，把李成以来的北方山水画派推向一个更高的阶段。以苏轼、文同为代表的文人士大夫绘画潮流，也于此时形成，驸马都尉王诜筑宝绘堂收藏法书名画，并于府第西园中聚集诗人画家赋诗作画，皇族赵令穰善作清丽富有诗意的小景山水，以及米芾这一时期已开展的书画活动，都显示出这一阶层艺术活动的活跃。郭若虚《图画见闻志》、郭熙父子《林泉高致》及苏轼等人的论画诗文则显示了此一时期绘画理论的新成就。

宋徽宗、宋高宗统治时期，是宋代宫廷画院最为繁荣的时期。宋徽宗时画院制度已相当完备，社会上民间画家艺术水平的提高，为画院输送了不少优秀画家。此时画院中高手云集，善画百马、百雁的马贲，开南宋山水画新风的李唐，善画风俗界画的张择端，富有才华的青年山水画家王希孟，善画花鸟翎毛的韩若拙、孟应之、薛志，以画婴儿货郎著称的苏汉臣，为宋徽宗代笔供御画的刘益、富燮等人，都以画艺精湛、笔墨不凡而著称。宋徽宗时内府书画收藏极富，公卿士大夫收藏家也甚多，《宣和画谱》反映了当时宫廷收藏的盛况。靖康之变后，汴京被金兵洗劫，一部分画家被掳北去，宫廷藏画流散北方甚多，又给金朝统治区绘画发展以相当影响。另外，大批画家纷纷逃到江南，又成为南宋高宗画院中的骨干力量，也促进了江南地区绘画的发展。

宋孝宗以后的南宋时期，特别是光宗、宁宗时期，山水画继李唐之后，出现了明显的画风变化，代表画家为刘松年、马远、夏圭等人。他们重视章法的剪裁，巧妙地利用画面大片空白突出鲜明的形象，画面效果含蓄凝练，简洁而

富有诗意，具有优美的意境，富有表现力，显示了笔墨技巧的提高。历史故事画及风俗画在整个南宋时期都比较盛行，此时出现的李嵩是尤其值得注意的画家，他曾作《宋江三十六人像》《服田图》《四迷图》《观潮图》等，作品大都含有深刻的意义。梁楷、牧溪、温日观的水墨、减笔则开了元明写意画之风气。

中国古代绘画大师

# 三、宋徽宗的艺术主张及其影响

宋徽宗的艺术主张，是强调形神并举，提倡诗、书、画、印的完美结合。在他创作时，常以诗题、款识、签押、印章巧妙地组合成画面的一部分，这成为元、明以后绘画派传统特征。可以说工笔画就是由他创始，花鸟、山水、人物、楼阁，他无所不画，这便是卓然大家的一个共同特点。他的用笔秀挺而灵活，张弛有度，充满着宫廷里安静祥和的氛围；他非常注重写生，观察细致入微，以精细逼真而著称，很多画家的画他都经常亲自参与审批。宋徽宗的绘画题材多为自然写实的人物、动物、花鸟，他在构思方面有着独到之处，同时他还强调形神并举的绘画意念。劳伦斯·西克曼曾经评价宋徽宗画作的写实技巧以"魔术般的写实主义"给人以非凡的诱惑力。

## （一）院体画及其形成

在我国唐代已设徐诏、供奉等职位，五代时期西蜀、南唐都设立了专门的画院。到了宋代更是进一步发展，设立翰林图画院，广泛选拔优秀画家为皇室宫廷服务。历代画院里所画的山水、花鸟、人物等大都要求用笔设色细致、富丽堂皇、构图严谨、色彩艳丽，有较强的装饰性，可以说是自成一体，所以称之为院体画。

"院体"之称，顾名思义是指由画院中的画家所逐渐形成的一种风格体式，比如宋代由翰林书画院的宫廷画家们所创立的典型风格。北宋徽宗时期的画风工整而且精细，被称为"宣和体"；南宋的李唐、刘松年、马远、夏圭

的山水简洁雄健，被称为南宋"院体"。沿用下来，明代由宫廷画家所创造的主体画风，也被称之为明代"院体"。其实"院体"并不是一个画派的称谓，但是创造"院体"风格的画家们之间却有着密切的关系，他们同在宫廷范围内工作，都是同事，朝夕相处，所以画风难免会互相影响，彼此取长补短，或者存在继承的关系，更主要的一点是他们都为皇室服务，所以在皇室的统一管理和要求下，从创作的题目、题材内容到风格样式甚至审美标准，都表现出了极强的趋同性。可以说，"院体"风格的形成条件是非常类似于画派的，因此，"院体"这一称呼也确实含有画派的意思。这类作品都是为了迎合帝王和宫廷的需要而作的，所以大多数是以花鸟、山水、宫廷生活及宗教内容做为主要题材，作画要讲究法度，重视形神兼备，风格也显得华丽而细腻，因为画家的擅长各有不同，所以画风不可能完全相同，而是各具特点。鲁迅先生说过："宋的院画，萎靡柔媚之处当舍，周密不苟之处是可取的。"

在北宋前期，"黄家富贵"的黄派传统追求写实画风，在此影响之下将黄家风格发挥到了极致，但是北宋中期熙宁以后，北宋画院中绘画风格开始倾向于对画面以外的追求，即追求一种意境，其一表现在画院取仕的考试机制上，其二表现在文人影响下的对画面中文学韵味的把握上。同时，宫廷画院也促进了院体花鸟画的繁荣发展，北宋后期的画院在宋徽宗的大力支持和参与下，吸取了北宋前期和中期的特点，以精雅取胜，其中代表性的花鸟画从黄家富贵的风格到"宣和体"的转变就是追求诗意的一种表现。关于"宣和体"的特点罗梦达和孙珊在《论"宣和体"画所体现的理趣》一文中有这样的叙述："造型上要求准确、工整、严谨，在设色上追求富丽、鲜艳、华贵，既精致工细、形象逼真，又不流于自然主义的繁琐纤巧；既重'形似'，又强调'法度'和'神似'，注重创造诗一般的深邃动人的意境，构成美丽而和谐的境界和情趣。宣和画院的花鸟作品在理趣、意趣、情趣的表达上都达到了一种极致。"

宋徽宗时期的画院制度已相当完备，不单成立了"翰林画图局"和"翰林书艺局"，而且开进士科，以画取仕，扩充完善宫廷画院，在宋徽宗时期读书已经不是唯一的仕途出路。郑午昌的《中国画学全史》中有云："政和

中国古代绘画大师

中，兴画学画院，仿旧制设官六阶，而旧制以艺进者，不得服绯紫、带佩鱼，至政和、宣和间，于书画院之官职，乃独许之。又待诏道班，首画院，书院次之，琴院，棋玉院等以次列其下，其特重画院如此。"由此可见，宋徽宗时期画院的地位已高于琴、棋、书院之上，当时被录取的画人也有了入院做官的机会，有效地提高了画院画家的待遇，促进了绘画的发展。

在画院的影响上，画院本身存在的现实意义之突出也是促成绘画尤其是花鸟画繁荣发展的一大因素。宋代的画院不是设在宫外，而是直接建于皇宫院墙之内，所以足不出宫的画家们往往可以借皇家园林这些幽静胜地去写生花鸟，体验生活。皇帝还时常将一些名画送到画院，以示学人，这就使创作者有机会观摩历代名迹，对他们画艺的提高有很大帮助。在12 世纪的中国，宫廷画院能够提供给画家们如此优越的创作和生活条件的确难能可贵。

## （二）文人画及其形成

文人画又叫"士大夫画"，是中国画的一种。它是中国封建社会中的文人、士大夫所作之画的统称，用以区别民间画工和宫廷画院职业画家的绘画。北宋时期苏轼提出"士大夫画"的称谓，明代董其昌又把它称为"文人之画"。文人画以唐代诗人王维为创始者，但在封建社会也往往借文人画这个称呼镀金，以抬高士大夫阶层的绘画艺术，鄙视民间画工及院体画家。同院体画一样，历代文人画对于中国画的美学思想以及对水墨、写意画等技法的发展，都有相当大的影响。

文人画的特点是在画中带有文人独特的情趣，画外流露着文人的思想。它不与中国画的三门：山水、花鸟、人物并列，也不在技法上与工、写有所区分，它是中国绘画大范围中山水、花鸟、人物的一个交汇点。陈衡恪在《中国文人画之研究》中解释文人画时说："不在画里考究艺术上功夫，必须在画外看出许多文人之感想。"所以，所谓文人画或者说文人作画，是懂得画的灵性的，把画赋予一定的思想，并非单纯、机械地去作画，这也说明了文人画所独具的文学性、哲学性、抒情性，在传统绘画里它特有的"雅"，与工匠画和院体画有所区别，从而独树一帜。

根据史籍的记载，文人画最初的萌芽阶段可以追溯到汉代，张衡、蔡邕都是代表人物，但遗憾的是，他们的绘画作品并没有流传下来。魏晋南北朝时期，姚最的理论"不学为人，自娱而已"成为了文人画的中心论调，历代的文人便把这一理论尊崇为文人画的宗旨。宗炳的以山水明志"澄怀观道，卧以游之"也充分体现了文人的一种自娱自乐的心态。唐代是一个诗歌鼎盛的时期，著名诗人王维当时官居尚书右丞，40岁时便辞官退隐，信奉佛教，生活悠闲。在这期间他刻意研究各家所长而新意独出，把诗歌融入画中，以诗入画，所以后世把他奉为文人画的鼻祖。他的绘画作品也成了文人画的典型代表，后世文人都把他的画作为范本。苏轼曾经评价其作品：诗中有画，画中有诗。蔚然成风，代代相传。在宋代以前，中国的绘画已经得到显著的发展，出现了"三家山水"和"徐黄体异"的花鸟画。

文人画的兴起是在北宋的中后期，当时的文人画形成了一种巨大的艺术潮流，吸引了很多上层的文人雅士，当时绘画已经成为一种时尚。收藏、品评绘画作品已在上层文人士大夫中蔚然成风，更有不少文人亲身参加绘画实践，像诗词一样用以寄兴抒怀，借画抒情。文人画在题材的选择、形象的处理及审美情趣上，都有自己的审美标准。当时的文人画在画幅上题字咏诗开始逐渐增多，从而开辟了书画题跋的新天地，并且自觉地将书法艺术的表现形式引入到绘画当中，这些也极大地丰富和提高了绘画艺术的表现手段。文人士大夫喜欢画墨梅、墨竹和墨兰，一反过去模拟客观实物的画法，而重视主观意趣的表达，进

而注意笔墨书法因素。两宋时期文人士大夫中涌现了仲仁、扬无咎的墨梅，文同的竹，苏轼的古木怪石，米芾、米友仁父子的云山，赵孟坚的水仙等，都成为后世文人画家追随学习的典范，此外较为著名者还有燕肃、晁补之、宋道、宋迪、蔡肇、张舜民等人。文人士大夫在绘画理论上也颇有建树，欧阳修提出表现萧条淡泊的情怀，陈与义主张"意足不求颜色似，前身相马九方皋"，

《苏轼诗集》卷十六曾记载"论画以形似，见与儿童邻。赋诗必此诗，定知非诗人。诗画本一律，天工与清新"等一系列见解都具有代表性。到后期由于历史原因，宋代的文人士大夫绘画甚至影响到辽金地区，成为元明时期文人画发展的先驱典范。

从文人画的历史和各朝各代的改进来总结分析，文人画要具备几个特点：

首先是学养深厚。封建社会的士大夫都是经科举制度层层选拔上来的，那么文才必须是为官的基础。要想胸有韬略，腹中需垒起万卷诗书。所以这样的人画出画来，肯定也会文气十足。

其次要言之有物。古时的文人画家们不是依靠作画来维持生计、养家糊口，而是用以陶冶性情，所以文人画不是匆忙之作。如同当时的诗歌一样，有可能是一时兴之所至，信笔拈来，内容也都是感慨"庙堂之高，江湖之远"，表达的是真性情，而不是附庸风雅，随行就市，所以后人才能从八大山人的鹰眼中看出睥睨不屑的意味来。

再次要格调高雅。翰墨丹青从古至今都被称为"雅好"，也就是"雅"人之"好"，通俗说就是格调品味。这和画家的人品有一定的关系，更重要的一点是画家接受的教育和所处的环境，即我们现在所说的文化背景，这些对格调的赏析和品味有着极大的关系。

文人画已经不是单纯的绘画，而是一种综合型艺术，集文学、书法、绘画及篆刻诸多艺术为一体，是画家多方面文化素养的集中体现。尤其和书法的关系更为密切，书法中的点、线和笔画间的组合不单是构成艺术形象的基本元素，而且是重要的、具有独立审美价值的欣赏对象。

在色彩和水墨上，文人画更加注重水墨的运用，讲究墨分五色。王维的画作之所以受到苏轼、董其昌的极力推崇，最重要的原因就是其在后期创作中首开水墨画的先河。文人画家重水墨而轻色彩，这同中国传统绘画的艺术观念和审美观念有着直接的关系，即传统绘画一直不曾把真实地再现事物的表象作为创作目的，而是把揭示事物的内在神韵作为最高的艺术追求。基于这种宗旨，又形成了民族特有的美学思想，即摒弃华艳，唯取真淳，讲究绘事后素、返璞归真、大巧若拙等等，这些都成为文人画家在艺术上的自觉追求。

文人画的题材大多以梅、兰、竹、菊以及高山、渔隐之类为主。与诗歌一样，文人们借着这些目之所及的自然景物来抒发内心的想法和感受。在他们眼中普通的梅、兰、竹、菊、高山、渔隐，已经不再是单纯的自然景物而是具有生命意义的君子化身。梅的冲寒斗雪，兰的清雅幽香，竹的高风亮节，菊的孤标傲骨，山水、渔隐所表达的淡泊名利、不问世事都是文人们主要表达的风格。借此，文人们抒发他们内心当中或豪迈或抑郁的情绪，表达其自身的清高文雅。这里有陶渊明的"采菊东篱下，悠然见南山"；有苏轼作直竹曰"竹生时何尝逐节生"；有吴镇自号梅花道人，言梅妻鹤子而终老；有郑思肖因亡国失土作露根兰等，虽然都是儒家思想的左右和道释思想的慰藉，但是也不乏浪漫。

### （三）宋徽宗对院体画、文人画的影响

宋代院体画的发展不仅是我国古代绘画史上最繁荣的时期，同时也为中国艺术文化作出了巨大的贡献。宋徽宗建立的翰林图画院培养了一批又一批杰出画家，为中国文化艺术遗产留下宝贵的财富，可以说是功不可没。宋徽宗对于院体画的影响是巨大的，这一点不容置疑。他贵为帝王之尊，拥一国之富，亲自提倡并组织画院，而且还具体指导画师们作画，在历代帝王中绝无仅有。根据史书记载："上时时临幸，少不如意，即加漫垩，别令命思，虽训督如此，而众史以人品之限，所作多泥绳墨，未脱卑凡，殊乖圣主教育之意也。"这就足以说明宋徽宗对于绘画的重视程度，而且对画院里的画师进行严格管理。宋徽宗的重视与严格也确实培养出了许多很有造诣的画家，在他们的共同努力发挥下，宣和画院的花鸟画创作呈现出形象逼真、意境生动的特点，比当初二黄时期有了更为长足的进步。所以，宣和画院时期的花鸟画代表着北宋花鸟画的最高水平，也正是从宣和时代开始，在宋徽宗的指示下，御府将历朝历代所搜集

的绘画古籍编为《宣和书谱》和《宣和画谱》并且流传至今，这也开创了中国历史上最为灿烂的艺术时代。

一个朝代对于画学的重视，以及一种成功的画院模式，与绘画得到蓬勃发展与繁荣有着非常紧密的关系。当然，宋徽宗个人所作出的

艺术贡献更是不容忽视的：他是皇帝，所以会按照自己的审美思想来指导画院的风格，这种兼容并蓄的思想指导下的画风既不同于黄氏画风的精工富贵，也不同于徐熙等人的野逸自由。北宋后期院体画风体现在两个方面：一是注重写生，追求客观的真实性；二是通过命题考试追求的含蓄性。宫廷画院的管理直接影响到了画家们的创作构思和表现技法，画院内花鸟画家笔下的花鸟开始变得活灵活现，但依然恪守形象的真实性。南宋宫廷画院的花

鸟画，在艺术思想上乃至画风形态上，无不受到宋徽宗的直接或间接影响，在画法上继续沿着宣和院体范式发展，但画法制度已不如宣和时期严格。

宋徽宗不仅是一个皇帝，而且还是位伟大的艺术家和鉴赏家，或许称他是北宋时期的艺术领袖也并不过分。他成立画院后使翰林画院成为朝野上下的热点，他对于画家素质的培养，在古代美术史上是独一无二的。为提倡"诗中有画，画中有诗"的意境，宋徽宗对画院进行了全面改革，这时期的院体画被称为"宣和画"，主要是以花鸟画为主，特征就是细腻而准确，幽雅含蓄，富有诗情画意，以形写神。在技法和审美取向上都与当时的文人精神相融合。可以说宋代院体画有了诗意的注入，就有了主题，使画面呈现出一种生命力。为了充分表达诗的意境，翰林画家们在构图和技法上做了很大的改进，强调构图的完美性，叙事性的内容着眼在"事"，构图的目的性是把情节展现清楚，画中有事；以诗意的内容着眼在"意"，通过某种场景来传达如诗一般的意境，一幅画只有一个意境，那就是要有个中心点，表现的主题要明确，所以宋代院体画很讲究虚实和主次关系，画面注重取舍，与立意无关的一律不要，并保留空白，留以想象。看到宋代院体画，会感到清爽、干净，不纳闷，有韵味，这就是它耐看的特点。

宋徽宗就是一个大文人，是一个在艺术帝国中才华横溢、睥睨一切，将自己定位于"天下一人"层面上的帝王艺术家。对于在政治上喜欢改革、在艺术上喜欢标新立异的他来讲，在政治生活中唯我独尊的习惯，已经养成他固有的日常思维模式，所以要他在艺术中去模仿前人或者按照前人的路线走，单纯地循规蹈矩地作画，当然是一种无法忍受的事情，为一切艺术重新制定法则和审

美标准，才符合他的身份、符合他的才气、符合他的思维模式。

近千年来，绘画史论界仅仅将宋徽宗看作院体画家，认为他只对院体绘画起过重要的推动作用，这其实是对宋徽宗画坛角色的极大误解。少数学者关注到了宋徽宗绘画与文人画的关系，并将二者间的关系归结为宋徽宗接受文人画影响的结果，也是对徽宗与文人画之间关系过于消极的看法。其实，宋徽宗不仅对院体绘画贡献巨大，而且对文人画的贡献同样不可低估，他不仅自己有意接受文人画的审美思想，而且也使亲自关照下的宣和体带有了浓郁的文人画风。尤为重要的是他从画学制度设置的倾向上、诗书画印一体化的形式感上、文人画绘画思想的探索上，给予了文人画以巨大的支持、引领与推动，而来自于他的种种帮助，为元代文人画大兴奠定了坚实的基础。

中国古代绘画大师

# 四、宋徽宗的绘画成就及其贡献

## （一）宋徽宗的绘画风格以及所受的影响

宋徽宗的绘画风格有两种：第一是精工富丽的皇派传统，用笔精细，一派艳丽富贵的情调，这一点从他的《听琴图》《芙蓉锦鸡图》等作品可以看出。他的这种风格对画院画家的

影响很深。第二是他善用水墨渲染的技法，不太注意色彩，崇尚清淡的笔墨情趣，这是从徐熙、易元吉、崔白等人处借鉴来的画法。他在绘事启蒙的时候，深受赵大年、吴元瑜以及黄庭坚等人的影响，特别是经过吴元瑜的传授，继承了崔白的风格。这种风格的代表作品，有《柳鸦芦雁图》和纯用水墨表现的《斗鹌鹑图》。汤垕在《画鉴》里认为宋徽宗的画"作墨花、墨石，间亦入神品者"。

宋徽宗生活在诗词书画全盛、名家辈出的北宋时代，这对他来讲无疑是如鱼得水，是一件幸福的事情，受到当时文化氛围的熏陶，他自幼就喜好诗词书画。由于他的特殊地位和权力，在他最初学习诗词书画时，便能与一些诗书画大家交往，切磋技艺。宋蔡绦在《铁围山丛谈》中记载："徽宗初与王晋卿（诜）、宗室大年（赵令穰）往来，二人者，皆善文辞，妙图画，而大年又善黄庭坚书，故佑陵作庭坚书体。后自成一法，时亦就'端邸'（即端王府）内知客吴元瑜弄丹青。元瑜者，画学崔白，书学薛稷，而青出于蓝者也。"这里所提到的王诜和赵令穰等都是著名的画家，擅长山水，又是收藏家，王诜的家还是诗画家聚会的场所，而吴元瑜则是著名花鸟画家崔白的弟子。宋徽宗年轻时与这些名家交流往来，耳濡目染之间，受到很多启发，在他当上皇帝之后，权力又为他提供了更为优越的艺术环境。

首先，内府收藏的大量书画名迹开阔了宋徽宗的眼界。北宋时期的艺术十分繁荣昌盛，多位皇帝都是书画爱好者，所以内府收藏名家古迹众多，再加上宋徽宗嗜画如命，也刻意搜集，更使当时皇家所藏的书画精品胜于先朝。宋徽

宋徽宗赵佶的绘画贡献

宗拥有如此独特的条件，坐拥旁人甚至不敢企及的艺术精品，朝夕展玩，并且一一亲手临摹，取百家之长，补己之短，同时还开阔了眼界，天长日久，他的创作水平也日渐提高。

其次，与名家的交往也在潜移默化地影响着宋徽宗的艺术审美观。他在即位以后，据说经常召见大书画家、大鉴赏家米芾，来探讨书法艺术。《钱氏私志》中记载："徽皇闻米芾有字学，一日于瑶林殿张绢图方广二丈许，设玛瑙砚、李廷珪墨、牙管笔、金砚匣、玉镇纸、水滴，召米书之。上映帘观赏，令梁守道相伴，赐酒果。米反系袍袖，跳跃便捷，落笔如云，龙蛇飞动，闻上在帘下，回顾抗声曰：'奇绝陛下！'上大喜，即以御筵笔砚之属赐之，寻除书学博士。"近朱者赤，近墨者黑，与名家相处久了更加提高了宋徽宗的审美观和绘画技能。

再次，宋徽宗嗜好艺术极为笃诚。皇帝爱好，周围的大臣阿谀奉承之辈肯定也会投皇帝所好，起到推波助澜的作用。即位不久，宋徽宗即授意朱勔搜罗劫夺江南各地的奇花异石、珍禽美兽，用船载往汴京，时称"花石纲"，扰民不浅，《水浒传》里的杨志就是因为失陷了"花石纲"后来被逼上梁山的。之后宋徽宗又在汴梁万寿山建筑"艮岳"，将花石鸟兽充实其中，据邓椿的《画继·圣艺》中记载"动物则赤乌、白鹊、天鹿、文禽之属，扰于禁御；植物则桧芝、珠莲、金柑、骈竹、瓜花，连理并蒂，不可胜纪。"宋徽宗整天观察花鸟，并以极大的兴趣，将它们一一图之丹青，仔细的观察，使他较好地掌握了动物的行为习惯和植物的生长规律；大量的写生，令他大大提高了表现对象的能力。

宋徽宗不仅重视写生，还十分讲究物理法度。他曾经画过鹤的二十种不同姿态，他画鸟雀时用生漆点睛，使其黑豆粒般地凸出在纸绢上，使眼珠发亮，显得十分生动。他在人物、山水、花鸟等方面都有一定的成就，其中花鸟画是最为突出的。宋徽宗流传下来的花鸟作品较多，风格也有多种，他的一些作品

在艺术水平上都达到了较高的水平，他善于创造性地完成作品，体物甚微，独辟蹊径，笔下花鸟，金墨绘羽，生漆点睛，活灵活现，意境天成，集中国绘画之大成，开一代院体花鸟画之大宗，为众史不能。《竹禽图》中就有些粗放拙

中国古代绘画大师

朴的趣味，此图绘崖石边两只翠竹横斜而出，一对山鸟栖于枝上，用笔精巧，敷色细腻。竹叶用石绿渲染，色彩明亮，而枝干的墨线则完全被染去，形成没骨的效果，禽鸟的刻画就更为细致，与崖石的粗拙形成鲜明的对比。此图中的竹枝表现方法与其《柳鸦芦雁图》中的红蓼非常相似，两图的风格也很接近，当属一类
作品。总之，由于北宋时期文学艺术昌盛的优良环境之熏染，前代留存下来的丰富的艺术遗产的借鉴，加之宋徽宗本人对艺术的倾心，终于使他成为一位诗词书画并精，山水、人物、花鸟、杂画兼善，具有全面艺术修养的"皇帝艺术家"。

　　宋徽宗瘦金书法独步天下，后世仿者甚多，但是得其精髓者几乎没有，所以其画作上的书法便成了判断是否真迹的重要依据，根据考证，宋徽宗赵佶的真迹如下：

　　1.《芙蓉锦鸡图》

　　2.《香梅山白头图》

　　3.《祥龙石图卷》

　　4.《瑞鹤图》

　　5.《五色鹦鹉图》

　　6.《听琴图》

　　7.《雪江归棹图》

　　8.《柳鸦芦雁图卷》

　　9.《摹张萱捣练图》

　　10.《摹张萱虢国夫人游春图》

　　11.《竹禽图》

　　12.《四禽图》

　　13.《枇杷山鸟图》

　　14.《晴麓横云图》

　　15.《溪山秋色图》

　　16.《金英秋禽图》

17.《御鹰图》

18.《池塘秋晚图》（花押后人伪添）

### （二）宋徽宗的山水画

北宋画坛，无论是郭熙的山水，还是武宗元的人物，或是崔白、易元吉的花鸟，都是通过高度写实的绘画技巧，追求笔墨变化的极致，并通过对形体的刻画，来捕捉自然的"真意"。但是，到了北宋的后期，这已经不是唯一的创作理念，以苏轼、米芾为中心的北宋文人提出他们绘画创作的核心观念即"诗画合一"，这种观念使北宋末年的绘画走向一个注重画外情韵的表现途径。宣和画院待诏韩拙在《山水纯全集》里，在旧的高远、平远、深远上提出了新的"三远"——阔远、迷远、幽远，旨在情韵的孕造而非空间的布置。宋徽宗亦受到文人思想的感染，在画院中推行改革，设立画学，以诗题取士，要求院中画家注重在形象中传达诗的内蕴。北宋末年尤其是宋徽宗朝的绘画发展的另一个新倾向便是复古，具体表现为：除了制作许多前代名迹的摹本外，在自由创作中也直接回溯到晋、唐模式。从现存的画迹看来，宋徽宗的绘画具有十分浓郁的时代特征。

宋徽宗的山水作品并不多，如今传世的亲笔山水画有三幅，一为《溪山秋色》图轴（藏于台北故宫博物院），一为《晴麓横云》图轴（藏于日本大阪市立美术馆），一为《雪江归棹》图（藏于北京故宫博物院）。在三张画中，《溪山秋色》与《晴麓横云》两幅都是画轴的形式，在构图上也较为近似，《雪江归棹》则为画卷，构图与前两幅差异较大。

宋徽宗山水作品《雪江归棹》图卷赏析：

《雪江归棹图》是宋徽宗山水画中的杰作，纵30.3厘米，横190.8厘米，绢本长卷，墨笔。图绘寒江两岸的雪景，开卷是茫茫寒江，远山缥缈，底下部分是江岸，向内延伸，一块石头突出河岸，有篷小船靠在其旁边，两人在忙碌，应是对"归棹"的点题之笔。再向内，是土岗和山丘，而后群峰突起，层峦叠嶂，画面向纵深演绎，有

中国古代绘画大师

楼阁村舍隐匿在山后，栈道、小桥点缀其中。依稀可以看出有行人，或骑驴，或挑担，再往后则又见水岸，复归寒江浩渺。在整体构图上不乏北宋全景山水之大气，而在笔墨上则自创新意：勾、皴简略，重在以层层烘染体现雪景的冷峻。勾线短而很随意，并不同李成之凝重

严密和郭熙之挺拔爽落的风格，树枝呈鹿角状，不再是风靡几百年的"蟹爪"枝。皴笔很少，依石纹有些淡淡的短线皴，只是在石棱之深处加浓墨密点。这和雪景氛围的营造是十分搭配的。而这种勾、皴的简略，凝重质朴，气韵高古，似乎在这幅画作中可以感受到唐代王维的《雪溪图》的气息。有后人赞美此图"直闯右丞堂奥"，实非虚誉。而此变化，正完美地体现了从哲宗朝创导"易以古图"带来的新变化，也开启了南宋以至元代笔墨及构图渐趋简略的先河。应该说，北宋的灭亡，对正蓬勃向上的中国画无疑是极大挫折，但并没有改变其发展的总趋势。在图上有宋徽宗瘦金体自书"雪江归棹图""宣和殿制"，并押"天下一人"，看来他自己对这幅画是相当重视的。尽管有后人疑惑宋徽宗身处宫闱，何来如此冷漠萧瑟的感受？其实则不尽然，宋徽宗继位后亲掌画院及画学，每十天从藏画中取出两幅古画供学者临摹，唐时以及北宋的多幅雪图应该为他所熟悉。

但是可惜的是，按蔡京在卷末的题跋，宋徽宗应该同时画了四时四图，而现在只得欣赏冬景，不然，看宋徽宗如何以水墨画春、夏、秋、冬四景，一定非常赏心悦目。而宋徽宗在身体力行地推动重彩的"古图"的同时，依然为画坛保留了水墨画的空间，也充分显示了他对绘画精深的理解。

《溪山秋色图》赏析：

《溪山秋色》图轴为纸本的浅设色画，长 97 公分，宽 53 公分。本图于画面最上方中央有宋徽宗的花押，上钤"御书"葫芦印，然除此印之外，便无其他较早年代的鉴藏印，仅有明朝所钤之"典礼纪察司"印半印，其余画上印章，均为清代私人及皇室的鉴藏印。此画的构图相当特别，山水景色约占画面的三分之二，其中上方的三分之一处一片空白。画面中的主山部分，被分作数座山峰，与其他较小的山峰，一同被弥漫的烟岚所遮掩。这种绘画方式，并不符合传统所认为北宋山水轴的典型风格，有一大山在画面中间，占据画中主要比例

的巨碑式构图。此画由于与一般的北宋山水画认知出入甚大，因此铃木敬认为此画系"受李、郭派影响的元代拙劣画工所制作，丝毫看不出北宋末的风格"，其着眼点即在于群山的形状。

若单从群山的形状来看，的确颇为怪异，山和山之间各自为政，并非一个可连贯的山系。然而若从画面中对云雾烟岚的晕染，以及中景十分成熟的深远技法，能看出来这幅作品绝非"拙劣画工"所为，应当是个技巧很好的能手。除此之外，中景树林愈来愈淡的墨色，和画面中用淡墨所绘的房舍，仿佛远处的景色真地笼罩在雾中，呈现出一种缥缈的效果。

### （三）宋徽宗的花鸟画

北宋历代帝王大都热衷于绘画，优待宫廷画家，建国初期便设置翰林图画院。宋太祖乾德年间(963~967年)，黄筌之子黄居寀进入画院，他秉承黄筌画风，用勾勒填彩的方法，使画面富丽堂皇，成为画院花鸟画的样板。徐熙之孙徐崇嗣沿袭轻淡野逸的祖风，依旧以在野画家的身份著称于院外。其后，宫廷画家赵昌、易元吉和崔白均擅长花鸟画，崔白兼采徐、黄画法，开创新体，有《双喜图》《寒鹊图》传世。到宋徽宗时，由于皇帝的偏爱和提倡，花鸟画创作蔚然成风，花鸟画的地位也排在众多画科的前面，致使人物画和山水画的声势处于下风。

中国花鸟画的萌芽阶段是在魏晋时期，到唐代时就已经形成独立的画科。到了宋代，花鸟题材广泛受到社会各阶层的普遍接受，花鸟画的作品无论技法还是意境的营造都远远超过了唐代。宋人郭若虚指出："若论佛道、人物、仕女、牛马，则近不及古。若论山水、林石、花竹、禽鱼，则古不及近。"宋代花

鸟画的繁荣与当时的历史文化有十分重要的关系，当然与宋徽宗的特殊作用也是密不可分的，正是在他当政期间，花鸟画才达到前所未有的高峰，他本人的绘画实践及审美思想对宋代及其后的绘画都产生了重要的影响。

到了北宋中期，花鸟的画风有所改变，熙宁和元丰之际，出现了著名花鸟画家崔白，他描绘

的季节气候变化中禽鸟的情态，突破了宋初以来花鸟画"黄氏体制"的束缚，取得了更加生动和自然的效果，从一定程度上说，崔白的作品体现了这一时期花鸟画技法的基本特征。这是因为这一时期的绘画教育机构是由皇帝直接督办的画院，那么其教育宗旨无疑要体现出皇家趣味。王艳霞在《论宋代画院教育中的诗意追求》中指出"两宋时期最典型地体现皇家趣味的绘画教育宗旨主要有两个：一个是追求形似和格法的写实之风；另一个就是画院绘画教育中的诗意追求"。花鸟画在此时期的成熟与发展，和皇家画院教育模式培养出的院体画家作画时体验生活的经历有着密切的关系，无论当时出于什么目的来大举兴办画院，也无论当时画院教育机制是否束缚和限制了画家的创作自由，北宋大众画工、手艺人地位之提升，却是不争的事实。

宋徽宗赵佶的绘画贡献

　　由此可以推断，北宋中期的诗歌作品曾有力地影响了绘画，绘画与诗的结合，使绘画获得了很宽广的表现领域，同时也提高了绘画的品味风格，这一点在花鸟画上表现得尤为突出。以意境优美为主旨，而不以简单的"形似"作为标准的风气，以及要求画工学习古文字学等画院的教育模式，为宋代绘画尤其是真正意义上的文人花鸟画的主题意境注重追求诗意化表现，及其注重追求以书法意识入画，奠定了坚实的基础。但凡画院发达的朝代，其绘画往往蓬勃发展，画家往往受到重用，北宋时期的绘画在古代绘画史上就显得极为突出，其中皇家画院所起的作用是举足轻重的。花鸟画受到画院上层领导的极大推崇，尤其是宋徽宗时期，以画取仕，开了从古未有的先河。北宋末年院体花鸟画在画院的教育模式下蓬勃发展，二者也关系甚密。

　　宋徽宗对于花鸟画是尤为喜爱的。根据《宣和画谱》中的记录，他收藏的花鸟画作品达到 2786 件，占全部藏品的 44%，由此可见其偏爱之深。《画继·圣艺》中曾这样记载宋徽宗的《筠庄纵鹤图》："或戏上林，或饮太液，翔凤跃龙之形，擎露舞风之态，引吭唳天，以极其思，刷羽清泉，以致其洁，并立而不争，独行而不倚，闲暇之格，清迥之姿，寓于缣素之上，各极其妙。"这种赞誉宋徽宗花鸟画精致、生动传神的文字记载俯拾皆是。另外流传至今题为宋徽宗的大量精美的花鸟画作，也证实了这种记载的真实性，赵佶的花鸟画，以极其严谨的创作态度，既从形象上充分掌握了对象的生长规律，且以特有的笔调活灵活现地传达出对象的精神特质，达到了高度成熟的艺术化境。

中国传统花鸟画分徐（熙）、黄（筌）两派，两派各有所长，黄派长于用色而短于用笔，徐派则长于用笔而短于用色。所以以技术的标准来看，徐派不及黄派的精工艳丽；但是就艺术的标准而言，黄派不及徐派的洒脱自如。所以说，用笔和设色作为中国传统花鸟画技法中两大极为重要的元素，缺一不可，如果各走极端，就容易偏向。北宋前期黄派画风曾经一统画院，经过一百年的辗转摹拟而显得毫无生气之后，崔白、易元吉奋起改革复兴徐熙画法，黄派暂居下风，但并未退出花鸟画坛，因而使花鸟画得以蓬勃发展。至北宋晚期，徐、黄两派实际上处于并行发展的势态。凭宋徽宗深厚的艺术修养，他对徐、黄两派的技法特点的认识是清醒的，因此宋徽宗的花鸟画是学习吴元瑜而上继崔白，也就是兼有徐熙一派之长。当然他也并非只学一家，而是"妙体众形，兼备六法"，时而承继徐熙落墨写生的遗法，时而"专徐熙黄筌父子之美"。显然，就创作技法而言，宋徽宗既学吴元瑜、崔白也就是徐熙系统的用笔，又喜黄筌、黄居寀的用色，并力求使两者达到浑然一体的境界。

徐熙野逸，黄家富贵，徐、黄两派又代表了两种截然不同的审美趣味，宋徽宗作为当朝皇帝，又是极力享受荣华富贵、纵情奢侈的人，对于精工富丽的黄派风格，有着根深蒂固的爱好。同时，他又处在文人画蔚然兴起之后，必定受到时代风气的熏染，他的周围又聚集着一群雅好文人生活方式的贵官宗室如王诜、赵令穰等，又与文人画的倡导者之一米芾关系颇为密切。米芾崇尚"平

淡天真，不装巧趣"的美学观，从这一点来说宋徽宗深受影响，尤其是他本人全面而又精深的文化艺术修养更使其审美情趣中透射出浓郁的文人气质。因此，宋徽宗既崇尚黄派的富贵，又喜好徐派的野逸，其审美趣味也是糅和了徐、黄两家的。

历来关于宋徽宗的艺术成就，艺术界都认为他的花鸟画为最高。宋徽宗艺术的独创性和对后代的影响力，也主要体现在他的花鸟画中，这表

现在以下三个方面：

第一，物象意念安排的独特性。经营位置为画家的总要，所以画面布置因题材内容繁简不同也有许多不同的方法。其中有一般的方法，这是人人皆能学习而得的；也有特殊的方法，这需要作者独出心裁，巧妙安排。赵佶花鸟画的构图，时有匠心独运之作。

第二，写实技法的独特性。研究中国美术史的外国专家劳伦斯·西克曼曾把宋徽宗花鸟画的写实技巧称为"魔术般的写实主义"，因为它给人以"魔术般的诱惑力"。北宋的绘画理论中以气韵为高的说法已不少见，但在宋徽宗时代，严格要求形神并举。《益州名画录》中认为"有气韵而无形似，则质胜于文；有形似而无气韵，则华而不实"。形似以物趣胜，神似以天趣胜，最理想的境界是由形似达到神似。所谓写生的逼真，不但要有正确的形体，还必须富有活泼的精神，宋徽宗在创作实践中，一直是力求由形似达到神似的，这一点从宋徽宗画鸟以生漆点睛，就可以看出来。这正是为了由形似达到神似所作的技术性尝试。

第三，诗、书、画、印结合的独特性。宋徽宗的绘画尤其是在花鸟画作品上，经常有御制诗题、款识、签押、印章。诗题一般题在属于精工富丽一路的画作上，画上的题字和签名一般都是用他特有的"瘦金体"，秀劲的字体和工丽的画面，相映成趣。尤其是签名，喜作花押，据说是"天下一人"的略笔，也有认为是"天水"之意。盖章多用葫芦形印，或"政和""宣和"等小玺。值得一提的是，作者押印于书画的款识上，始于宋代苏轼、米芾、赵佶、赵子团等人。元明以后，诗、书、画、印相结合已成为中国画的传统特征，但在北宋，却还处于草创时期，所以宋徽宗是善开风气之先的。

总而言之，"宋徽宗皇帝天纵将圣，艺极于神"，诗词书画各方面都达到了一定的艺术高度，尤其是绘画方面，无论山水、花鸟、人物，都如《广川画跋》所述："寓物赋形，随意以得，笔驱造化，发于毫端，万物各得全其生理。"目前流传于世的题为赵佶的花鸟作品中，艺术风格呈现出工致细丽与简朴生拙两种迥然有别的风格，工致细丽的比如《芙蓉锦鸡图》《腊梅山禽图》等，简朴

宋徽宗赵佶的绘画贡献

生拙者如《柳鸦芦雁图》《枇杷山鸟图》等。

宋徽宗花鸟作品《芙蓉锦鸡图》赏析：《芙蓉锦鸡图》主次分明，疏密有致，给人以安定、均衡之感。设色艳而不俗，锦鸡羽翼的丰润美丽和芙蓉花朵的绚烂富贵被充分表现出来，求真的画法得到发挥。画面诗情画意，相得益彰，富有文学气息。

作为独立的画科，宋代的花鸟画无论在绘制技巧还是表现形式方面都已经达到相当高的艺术水准，《芙蓉锦鸡图》便是其中的一幅精品。此图是描绘金秋景色的花鸟画作。图中芙蓉盛开，随风轻轻颤动，蝴蝶翩跹，相互追逐嬉戏，引得落在枝上的锦鸡回首凝视，目不转睛。

在本幅的右上角宋徽宗以瘦金体题"秋劲拒霜盛，峨冠锦羽鸡。已知全五德，安逸胜凫鹥"，右下角书款"宣和殿御制并书"，草押书"天下一人"。鸡在中国素有"德禽"之称，《韩诗外传》载："鸡有五德：头戴冠者，文也；足搏距者，武也；敌在前，敢斗者，勇也；见食相呼者，仁也；守夜不失者，信也。"可见其文武兼备、仁勇俱存、信守专一的性格为世人所激赏，难怪才艺绝世的一代帝王也会留下"已知全五德，安逸胜凫鹥"的诗句，流露出对安逸高贵品格的赞许，由此体现了中国花鸟画的人文寓意。

通过笔墨风格的比较分析，研究者徐邦达先生指出这幅画作有可能不是宋徽宗所作，而是画院某位画家的作品，这一观点也有艺术史研究者认同。在宋徽宗时代他有一些画作确实是由宫廷画院的高手所为，再由宋徽宗题字，这幅《芙蓉锦鸡图》究竟是不是宋徽宗的亲笔画作，也是"仁者见仁，智者见智"了。

宋徽宗《柳鸦芦雁图卷》赏析：《柳鸦芦雁图卷》该画纸本设色，纵34厘米，横223.2厘米。图卷连缀两段，前段画柳鸦，后段画芦雁。鸦的头顶和腹

部施以白粉，鸦身敷浓墨，黝黑如漆。柳树的斑驳老干，富有质感。柳鸦的墨彩极酣，笔势很壮，显示出宋徽宗用墨的特色。后段四只芦雁在芦草蓼花边栖息，以浅赭设色，增强了秋天萧疏的气氛。此画水墨淡设色，笔法简朴粗犷，画面明净舒展，平和典雅中蕴涵着自然界的无限生机，体现了高度的文

中国古代绘画大师

化修养与精湛的艺术技巧的完美融合。整幅画采用了以墨为骨的画法，并把粗笔写意和精湛写生融合在一起，是花鸟画由着重色向墨笔画过渡的典型作品。

图后的宋徽宗落款，系后人勾填，右上角"紫宸殿御书宝"及"御书"葫芦印亦是后人描画的。卷后有南宋荣传辰、邓谏从题跋。另有邓易从、范逾跋，系后人伪作。卷首有清弘历题"神韵天然"引首，并有弘历题诗。此卷曾经由北宋内府收藏，卷上钤有"宣和中秘"印，后出赐给邓洵武。明初入内府，卷上有"纪察司印"半印。清初经孙承泽、梁清标收藏，乾隆时归清内府收藏，钤有收藏印记。现在收藏于上海博物馆。

## （四）宋徽宗赵佶对绘画事业的贡献

宋徽宗在位时期将画家的地位提到了中国历史上的最高位置，甚至以画作为科举升官的一种考试方法，每年以诗词做题目曾刺激出许多新的创意佳话。比如有一次的题目为"山中藏古寺"，大多数人都画的是深山寺院飞檐，但是得第一名的并没有画任何的房屋，只是画了一个和尚在山溪挑水；另外一次的题目为"踏花归来马蹄香"，得第一名的也没有画任何花卉，只是画了一个人骑马，有蝴蝶飞绕马蹄间，凡此等等。

此外还有两项轶事也可以看出宋徽宗对绘画的要求：据说当时有一座宫殿修筑完成后，名手画家们绘制的全部壁画都没有引起宋徽宗的重视，他只是很注意某殿前柱廊栱眼中的一个年轻画家画的一枝月季花，他认为这枝月季花画得最好，因为月季花是四时朝暮，花蕊叶都不相同，而这枝月季花正是表现月季花春季中午时候的姿态。

还有一次宋徽宗给画家们命题画孔雀升墩的屏障，画了几次他都不满意，画家们百思不得其解，问他为什么？他指出：孔雀升墩一定先举左脚，而画家们画的都是举右脚，经过仔细观察画家们发现，孔雀登高确实是先抬左脚的。由此可见，当时画院中流行的是精细的观察和巧妙的表现。

宋徽宗非常重视画家的综合素质，常常以唐诗为题来考核学生，要求学生既要有扎实的写实功力，又要传达出诗的意韵。此外他还以《说文解字》《尔雅》《方言》《释名》四书设问答，用以从学识修养考其所业。这些都极大地刺激了中国画意境的发展。宋徽宗时的画院与画学虽同为研制画艺的场所，但并非是一回事。从设立的时间看，在宋代，画院是一直存在的，而画学却只是存在于宋徽宗崇宁至宣和之间，前后合计不过二十年。从两者的建制、设官、职掌看，画院是以一种专门技艺来供奉皇上的衙门机构，与翰林书艺局、翰林太医院并列，隶属于内侍省的翰林院。而画学的兴办，应该是宋徽宗感觉绘画人才缺乏或者对于现有的绘画人才不满，才兴画学以教育画工培养人才，出题取士科如进士科，立博士以下学考其艺能。

《宋史·选举志》记载宋徽宗时期兴办的画学，分为佛道、人物、山水、鸟兽、花竹、屋木六科。《宣和画谱》著录藏画，则分为道释、人物、宫室、番族、龙鱼、山水、畜兽、花鸟、墨竹、蔬果十门。孝宗乾道三年（1167 年）著成的《画继》辑录画家时，则分为仙佛鬼神、人物传写、山水林石、花竹翎毛、畜兽虫鱼、屋木舟车、蔬果药草、小景杂画等八类。这些现象都反映了绘画表现范围的扩大和题材分工的细致、深入。从兴办画学角度来看，宋徽宗也可以称为一个艺术教育家，画院的组织和教授，他都会亲临画院进行指导，他还编选了上千册的《宣和睿览集》。在政和、宣和年间培养出的许多优秀画家，例如孟应之、刘益、宣宁、李端等都名盛一时，对南宋花鸟画的发展起了很大的影响。

宋徽宗利用统治的权力为推进宋代文化发展所作的贡献，首先就体现在他对宫廷画院进行的一系列改革和建设上。

历朝历代的统治者基本上都会利用绘画来为政治服务，所以才设有宫廷画院的专门机构。在五代十国时的南唐和西蜀就已经正式设立画院，到宋初则一直沿袭旧制，并在此基础上加以扩大，从而建立了规模完备的翰林图画院，并且一度被称为图画局，与天文、书艺、医官合称"翰林四局"，属于宫廷服役机构。画院内设供奉、待诏、祗候、艺学、画学正及学生等职衔。当时皇帝常命画院画纨扇进献，选择最优秀的人去画宫殿寺院的壁

中国古代绘画大师

画。宋代画院发展到宋徽宗时达到最鼎盛的时期，不仅规模宏大，而且名家高手众多；同时在体制管理上也更趋于合理和完善。可以说北宋的绘画之所以能够在中国美术史上留下光辉的一页，是与宋徽宗的积极提倡息息相关的。据史书记载，唐代时期宫廷画家的地位是极低的。从西蜀、南唐至北宋，由于画院的设立，画家的物质生活才有了保障，地位也较之前有所提高。历代帝王仅仅将画院看作一种服役机

构，也就是一种起到政治用途的艺术单位。所以当时画院的官职，与其他部门的官职相比，待遇仍然是比较差的，而且升级也很有限，甚至连服饰也与其他同等的文官不同，这对于发挥画家的积极性、繁荣画院创作是十分不利的，同时也抑制了同时期绘画艺术的发展。而宋徽宗时期则不同，他并不是简单地从政治角度去看待画院，而是从艺术发展的角度去建设画院。政和、宣和年间（1111—1125年），宋徽宗首先提高了画家的待遇，取消旧制，允许书画两院的人员和其他文官一样佩带鱼袋（一种代表身份、等级的金质或银质的鱼形装饰），并且有区别地对待画家和工匠。《画继·圣艺》记载："本朝旧制，凡以艺进者，虽服绯紫，不得佩鱼；政、宣间，独许书画院出职人佩鱼，此异数也。又，诸待诏每立班，则书院为首，画院次之，如琴院、棋、玉、百工皆在下。又，画院听诸生习学，凡系籍者，每有过犯，止许罚直；其罪重者，亦听奏裁。又，他局工匠，日支钱谓之食钱，惟两局则谓之俸直，勘旁支给，不以众工待也。"由于种种优厚的待遇，使画家们的艺术创作热情空前高涨，一般画家都以进入画院为荣。

北宋画院画家的来源，除前代留下及院画家引荐外，绝大多数通过考试录取，也就是"画学"。由于宋徽宗对于绘画艺术的深厚造诣，他必然以自己的审美标准去衡量应诏而来的画家。初建五岳观，大集天下名手，应诏者数百人。但是这些名手所画的图画，大多数宋徽宗都不甚满意，于是他决定按照自己的审美理想亲自培养御用画家。崇宁三年（1104年），在国子监增设了画学，使图画院成为科举制的一部分，又设"博士"衔，自己亲自作为监考官。画院的直接领导者是宋徽宗自己，所以，在考试、课程设置和教学过程中，必然充分体现出宋徽宗的艺术旨意，他在画学建制上也提出了许多创造性的实施方案。因为赵佶自己能诗善书，所以教学画学生也不是单纯地学艺术，而是以《说文》

《尔雅》《释名》教授。《说文》则令书篆字，著音训，余则皆设问答，以所解义，观其能通画意与否。另外，学生的身分还有等级区别，一般分为外舍、内舍、上舍三级。经过每月的私试和每年的公试，学行兼优的，依次上升。又根据学生文化修养和出身的不同，分"士流"（士大夫出身的）、"杂流"（从民间工匠选入的），"别其斋以居之"。"士流"可转作别的行政官，"杂流"则不行。学习的科目也不同，"士流兼习一大经或一小经。杂流则诵小经，或读律考"。可见，宋徽宗时代的"画学"，在培养人才方面已有一套比较系统完整的教学体制，在绘画教学发展史上具有一定的影响。

宋徽宗在画院十分重视古人的"格法"。关于"格法"，当时宣和画院的画家韩若拙在《山水纯全集》中说得很明确："人之无学，谓之无格；无格者，谓之无前人之格法也。""凡学者宜先执一家之体法；学之成就方可变为己格。"作画要求从古人的成就上去学习经验，吸取精华，因此画院画家和学生的一个主要学习内容就是学古，除了传统的格法，画院还严格要求"形似"，即符合自然的法则。宋徽宗体察物态的精微，了解生活情况的详细，尤其对于动植物的习性、举止形态的观察，最为精审。画院画家们为了迎合皇帝的旨意，形成了一种对客观事物进行细致观察的风气。画院培养的最为典型的画家之一韩若拙，据说善作翎毛，每作一禽，自嘴至尾足皆有名，而毛羽有数，又能传神，政和、宣和间推为两京绝笔。显然，宋徽宗的绘画教育是很有成效的。当今遗存的众多佚名的宋人画迹中，形神兼备、写生逼真的佳构比比皆是，其中有相当一部分是出自宋徽宗时代画院画家之手。

在宋徽宗的不懈努力下，画院和画学兴盛一时并取得了巨大的成就。首先，培养了许多优秀的画家，如：张希颜、费道宁、戴琬、王道亨、韩若拙、赵宣、富燮、刘益、黄宗道、田逸民、赵廉、和成忠、马贲、孟应之、宣亨、卢章、

张戬、刘坚、李希成等人，都是赵佶画院的名家。即如南渡后赵构画院的代表画家如李唐、刘宗古、李端、李迪、苏汉臣、朱锐等，也都是宣和年间的画院待诏。其次，因为画院采用了考试制度，很多来自民间的优秀画家被录入画院，所以有很多具有民间风格的作品也在画院中出现，使民间风格在画院中占有相当地位；同时，由于重视培养画院学生诗书方面的修养，从而开拓了绘画的新境地，使花鸟画日益繁荣，

中国古代绘画大师

同时使画院体制更完备。直到南渡以后，赵构的临安画院仍能继承固有规模，并且出现了刘、李、马、夏等大家，奠定了两宋画院在中国美术史上的地位。

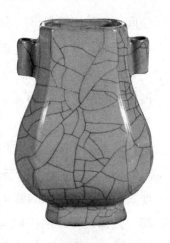

北宋灭亡后，兴盛一时的宋徽宗宣和画院随之结束，其中一些画院画家辗转逃亡，逐渐集结于南宋的都城临安，先后被恢复了在画院中的职务，从而成为南宋画院的骨干力量。李唐、刘宗古、杨士贤、李迪、李安忠、苏汉臣、朱锐、李从训等都是属于这种情况。宋高宗虽然在政治上也是苟且偷安，但对于书画之事，仍然十分重视，特别是后来他利用绘画为政治服务，组织画家进行创作。所以，南宋时绘画活动主要还是以画院为中心。直观地说，宋徽宗对画院的成就可从北宋末年的两件传世杰作中见出，即王希孟的青绿山水作品《千里江山图卷》和张择端的风俗画长卷《清明上河图》。

### （五）宋徽宗和《清明上河图》的关系

著名的《清明上河图》和宋徽宗有着很大关系。《清明上河图》堪称中国美术史上的稀世珍品，后世临摹的极多，但对于其作者张择端的身世，史书上并没有很详细的记载，千百年来也一直是个难解之谜。大多数专家学者都认为张择端是北宋人；但是也有专家学者认为张择端是南宋人；甚至还有专家学者认为张择端是金代人。认为张择端为南宋人的专家，主要是根据明晚期书画家董其昌在《容台集》中对《清明上河图》的推测："南宋时追摹汴京景物，有西方美人之思。"清代孙承泽在《庚子消夏记》中认为："《清明上河图》乃南宋人追忆故京繁盛也。"认为张择端是金代人观点的专家，是根据《清明上河图》最早的题跋出自金代人之手，并且两宋画院均不见张择端著录。然而，更多专家学者通过对《清明上河图》的研究考证，认为张择端应该是北宋人。现存于故宫博物院的《清明上河图》"石渠宝笈三编本"，后面最早的金代张著题跋中注明了张择端的身份为"翰林"，并且进一步指出，张择端游学于京师，本工其"界画"，尤嗜于舟车市桥郭径。张著的题跋是关于张择端身世最早的记载，也是唯一的记载。他所提到的向氏究竟是何人，已经无法考证，向氏所著《评论图画记》一书也不曾见于著录，这给专家学者的研究和考证留下了广阔的

宋徽宗赵佶的绘画贡献

空间。但是根据最早的金代张著题跋，张择端是北宋人的观点最具说服力。

至今，开封民间还流传着张择端与《清明上河图》的故事。开封的大相国寺始建于南北朝时期的天保六年。到了北宋太宗时期，相国寺发展到鼎盛时期，占地540亩，僧院64座，殿阁雄伟、花木葱茏，因此被誉为"金碧辉映、云霞失容"。

偌大的相国寺雕梁画栋当然需要大量的画师为之服务。传说当年在北宋东京的相国寺里，住着一些靠给寺院绘画谋生的民间画师，其中有一个青年画师，他说可以把东京城的繁华盛景搬到画上来，这个青年就是来自山东诸城的张择端。张择端当时住在相国寺的香积厨里，每日潜心作画。一天，宋徽宗在皇家卫队的护卫下，声势浩荡地驾临相国寺降香，听说相国寺里住着一位才华横溢的年轻画师，便命宰相蔡京去了解情况。宋徽宗和宰相蔡京不但喜欢绘画，并且都是绘画的高手。宋徽宗命宰相蔡京将张择端召进翰林图画院，亲自命题让张择端绘画北宋东京的繁华盛景，张择端欣然同意，但是他提出，不能关在皇宫里面作画，要求在安静的农舍中作画，宋徽宗同意了张择端的请求，命宰相蔡京为张择端在北宋东京都城的郊外，找了一处安静的农舍，从此张择端就在那里披星戴月潜心作画。谁能想到，这样一幅北宋东京的繁华盛景，竟是在东京都城郊外的偏僻农舍里创作完成的。当宰相蔡京将张择端绘画的长卷呈上时，宋徽宗大喜过望，从此，《清明上河图》被宋徽宗收入皇宫内府。

北宋灭亡后，宋徽宗赵佶和儿子宋钦宗赵桓被金人俘虏到北方，藏于北宋内府的《清明上河图》及6000件艺术品也被金兵掠获。宋徽宗的第十一个儿子宋高宗赵构杭州称帝。张择端为了让宋高宗赵构不忘国仇家恨，坚决抗金，闭

门谢客，呕心沥血，又绘制出一幅《清明上河图》长卷，献给宋高宗赵构。但是宋高宗与父亲宋徽宗不同，对绘画没有那么浓厚的兴趣，将画退了回来。张择端展开长卷，心绪难平，一气之下，将自己呕心沥血绘制的《清明上河图》长卷付之一炬，幸好被家人及时抢出一半。在沉痛的打击下，张择端不久即忧郁而死。

# 五、后记

1127 年 1 月金兵攻破汴京，他们将徽、钦二帝，连同后妃、宗室、百官数千人，以及教坊乐工、技艺工匠、珍宝玩物、皇家藏书、天下州府地图等押送北方，汴京被掳掠一空，北宋宣告灭亡。尔后，宋徽宗赵佶被金帝封为昏德侯，受尽凌辱的他留下了许多凄凉诗句，如：彻夜西风撼破扉，萧条孤馆一灯微。家山回首三千里，目断山南无雁飞。

宋徽宗赵佶的绘画贡献

宋徽宗被囚禁了 9 年，也苦苦等了 9 年，却没等到宋兵直捣黄龙府，因为他的儿子宋高宗赵构也一样是个苟安无用的昏君，同样重用奸臣，因为怕得罪金人，反而伙同秦桧把主战的岳飞父子杀害。1135 年 4 月，宋徽宗赵佶终因不堪折磨而死于五国城，遗骸后来运回临安(今浙江杭州)，立庙号为徽宗。

其实死亡对于他来说未尝不是一种解脱，历史就是这样开了一个玩笑，让一个书画家做了皇帝。如果让他纯粹地做个书画家，那么中国艺术史上应该有更多传世之作。可是，历史是不容假设的，最后他误国误家也误自己，直接导致了北宋的灭亡。

艺术和政治本不相干，它们属于完全不同的思维模式，所以艺术家从政可能就是一个悲剧的开始。纵观中国历史上，但凡艺术大家大多都是仕途碰壁，而回归民间，隐逸脱世，脱离喧嚣，远离仕途，方能有所作为，取得艺术上的巨大成就。屈原、李白、苏东坡等等，莫不是如此。但是宋徽宗走的是一条相反的路径，他先是在艺术上取得成功，然后才在仕途上头破血流，甚至把命都丢了。所以宋徽宗也一直是个颇有争议的人物。一方面，在政治上，他给人民生活带来深重苦难；在外交上，他更是软弱无能、丧权辱国，留下千古骂名。而另一方面，在艺术上，他又颇有建树，因此史学界对宋徽宗的评价就难免见仁见智，毁誉参半。他对于宋代画院的建设不遗余力，使画院升上一个新的历史高度；对院体画和文人画的发展，对于书画艺术的提倡和创作，以及对于古代艺术的整理与保存，都具有突出贡献；宋徽宗擅长绘工笔花鸟，风格写实缜密，并由于他的倡导，使宋代工笔花鸟画登上了艺术最高峰，这些都是不容忽视的。古今中外"不爱江山爱美人"的皇帝为数不少，可像宋徽宗这样"不爱江山爱丹青"的皇帝却独此一位。

正如劳伦斯·西克曼在《中国的艺术和建筑》一书中所说："帝位为徽宗的绘画活动创造了条件，但徽宗的画并不是因其帝位，而是因其画作本身的艺术魅力而流传后世的。"这是一句十分客观的公道话。可以说，宋徽宗赵佶是历史上唯一真正拥有较高的艺术涵养和绘画才能，并真正称得上是画家的皇帝。

中国古代绘画大师

76

# 杰出的书画大家赵孟頫

赵孟頫（1254-1322），元代著名画家。他一生显赫，绘画、书法、诗文成就都很高，在绘画和书法方面还是当时文化界的领头人。不过作为赵宋宗室之后，赵孟頫的一生实在是充满了无尽的哀伤和尴尬。他的书法和绘画对后世的影响极为深远，他在我国书画史上的地位极为重要。

# 一、生平介绍

赵孟頫，元代著名画家。生于 1254 年，卒于 1322 年，享年 68 岁。赵孟頫一生很显赫，其绘画、书法、诗文成就都很高，并且在绘画和书法方面还是当时文化界的领头人，不过作为赵宋宗室之后，赵孟頫的一生实在是充满了无尽的哀伤和尴尬。他的书法和绘画对后世的影响极为深远，他在我国书画史上的地位极为重要。

## （一）坎坷的青少年时期

赵孟頫，字子昂，号松雪道人，又号水精宫道人、鸥波。因为他是吴兴（今浙江湖州）人，故画史上又称他为"赵吴兴"。赵孟頫为元代承上启下的著名画家，还是楷书四大家（欧阳询、颜真卿、柳公权、赵孟頫）之一。他是宋太祖赵匡胤的第十一世孙，秦王赵德芳的后代。他的五世祖是安僖王子偁，南宋高宗没有儿子，就立了子偁的儿子为宋孝宗，赵孟頫的四世祖伯圭，乃是宋孝宗的兄长。伯圭被赐第于湖州，赵孟頫因而生于湖州吴兴。赵孟頫的曾祖师垂，祖父希永，父亲与告，在宋朝都做过大官。到了元朝，又因为赵孟頫的地位尊贵，赠师垂为集贤侍读学士，赠希永为太常礼仪院使。封赵孟頫为吴兴郡公、集贤大学士，死后被元英宗追封为魏国公，谥号文敏。

赵孟頫经历了南宋灭亡的变故，他有时做官，有时隐居。赵孟頫出身虽然尊贵，但生不逢时，青少年时期南宋王朝已经摇摇欲坠。他的父亲赵与告官至户部侍郎兼知临安府浙西安抚使，赵与告擅长诗文，收藏丰富，给赵孟頫以很好的文化熏陶。但是赵孟頫 11 岁时父亲便去世了，家境越来越差，日子过得比较艰难。赵孟頫的生母丘夫人对他的要求很高，曾流泪告诫孟頫："汝幼孤，不能自强于学问，终无以觊成人，吾

中国古代绘画大师

世则亦已矣。"她还告诫赵孟頫要"多读书""以待圣朝之用""以异于常人"。赵孟頫自幼聪明敏锐，有过目不忘的记忆力，拿起笔就能写出好文章。赵孟頫学习很用功，白天晚上都不歇息。他14岁时，因为父亲曾经是大官，

受到恩泽，补了个官职，不过之后仍是以读书、练字、作文为主。不满20岁，"试中国子监，注真州（今江苏六合、仪征一带）司户参军"。参军只是一个下级小官。那时南宋王朝已经处于风雨飘摇之中了。本来就十分腐朽的政权，再经奸相贾似道欺误，已经浊乱不堪。同时的蒙古军日益强大，分兵几路进军南宋，南宋的灭亡势在必然。赵孟頫23岁时，元人攻进南宋都城临安，恭帝投降。元军渡过钱塘江，继续追击南宋的残余势力。国乱如麻，赵孟頫却能够继续钻研学问，以谋"异于常人"。赵孟頫26岁时，宋王朝的残余势力完全被元军消灭。他的母亲又一次勉励他，要他多读书，"以异于常人"。赵孟頫更加用功学习，当时他向寓居在湖州的老儒敖继公学习，质问疑义，经明行修。他还经常写字、作画、吟诗，他和钱选等八人被称为"吴兴八俊"，名声很高，就连朝廷也知道了。当时任江南浙西道提刑按察司事的夹谷之奇就特别欣赏他。后来，夹谷之奇做了主管官吏的吏部尚书，就推举他为翰林国史院编修官，赵孟頫却推辞了。

## （二） 备受宠幸时期

据《宋史翼·赵若恢传》记载，赵孟頫后来躲避到新昌山，与其族叔赵若恢比邻而居，两人很投缘。又听说元朝皇帝搜求赵氏有贤能的人，他就转入天台山隐居。行台侍御史程文海（程钜夫）第一次去江南的时候，绑架赵孟頫强行要他做官，赵孟頫推说有病，不愿做官，还说古代的尧舜都允许巢父、许由隐居，自己愿意做隐士。程文海赞赏他的大义，就释放了他。程文海第二次奉召搜访遗隐的贤才时，临行前特别向元世祖忽必烈推荐了赵孟頫。元至元二十三年（1286年），程文海在江南得贤才二十余人，赵孟頫"居首选"。这一次赵孟

杰出的书画大家赵孟頫

頫没有拒绝。初到京师，赵孟頫立即受到元世祖忽必烈的接见。元世祖赞赏其才貌高绝，惊呼为"神仙中人"，用各种尊贵的礼节款待他，任命他为从五品官阶的兵部郎中。这时，他已经33岁，正是踌躇满志之时。当时赵孟頫得意地写了一首诗："海上春深柳色浓，蓬莱宫阙五云中。半生落魄江湖上，今日钧天一梦同。"虽然有部分元朝贵族猜疑、排挤他，但元世祖对赵孟頫却深信不疑。赵孟頫对元世祖也是感恩不尽，他有诗说："往事已非哪可说，且将忠直报皇元。"这也正是他精神状态的写照。他为元世祖起草诏书，挥笔立就，并且与世祖的本意吻合。与众官员议论立法，有自己的见解，能摒除别人的观点。元世祖几次想要重用他，都因为有人非难而没有实行。到京后，赵孟頫的生活并不富裕，世祖曾"赠钞五十锭"。在兵部郎中任上，赵孟頫主管全国驿站的配置，期间施行了不少仁政，并极力阻止了丞相桑哥的暴虐行为。他还曾经责问江浙行省的丞相轻视法律之罪，和尚书刘宣一起到江南查问。庚寅（1290年）年拜集贤直学士（官阶从四品），奉议大夫。这一年，发生了地震，北京受灾最严重，还出现了地陷，有黑沙水涌出，死伤数万。皇帝询问缘由，赵孟頫借此出谋诛杀了丞相桑哥。由于赵孟頫在朝臣中的影响很大，加上铲除对手的胜利，皇帝对他更加信任，待遇也比以前更好了。元世祖委托赵孟頫大量政务，替自己分忧。皇帝和赵孟頫谈话，向来很谈得来，有时一直谈到深夜才结束。世祖在大臣奏事时，经常由赵孟頫来裁决谁说得对谁说得不对。此时赵孟□权势虽然很大，但他的头脑十分清醒，他知道自己出入要地，一定会惹人嫉恨。福兮祸所伏，所以他从此很少入宫，极力要求外任，离开京师。至元二十九年（1292年）正月，赵孟頫升朝列大夫并出任济南路总管府事，他在济南四年左右，在此期间，办学兴文事，为济南培养了一大批人才。

　　元贞元年（1295年），元世祖去世。铁穆耳继位，他就是元成宗。因为要编修《世祖皇帝实录》，赵孟頫又被召回京城。可是朝廷内部矛盾重重，有自知之明的赵孟頫便借病乞求还乡。夏秋之交，他终于回到了阔别多年的故乡吴兴。当然，他归乡后，并不是所有江南遗隐对他都很热情，其最亲密的朋友是周密（诗人、作家、书画收藏家）。赵孟頫出示了自己多年收藏的唐宋名

中国古代绘画大师

画给周密看。周密是齐地人，他又为周密画了齐地风光。我们今天可以见到的《鹊华秋色图》，也就是赵孟頫在济南时所见。赵孟頫在吴兴闲居只有两年时间，可是创作很丰富，还和朋友一起观看了许多古今名作。又应邀到杭州，与好友们，如鲜于枢、仇远、戴表元、邓文原等人吟诗、作画、观图，很是潇洒，过着与世无争的宁静生活。大德丁酉年（1297 年），赵孟頫 44 岁，又被任命为太原路汾州

知州，但他没有去上任，在家整理了四书五经，考证编订了《今古文集注》。次年戴表元为他的《松雪斋诗文集》作序，评价非常高，称"古赋凌厉顿迅，在楚汉之间；古诗沉涵鲍谢，自余诸作，犹傲睨高适、李翱云"，高度赞扬了赵孟頫的诗文成就。大德三年（1299 年）八月，赵孟頫受任集贤直学士，行江浙等处儒学提举。主管与学校、考试、礼仪、教养、钱粮等有关的事情。官职虽无升迁，但此职务不需离开江南，又与文化界联系密切，相对儒雅而闲适，比较适合赵孟頫的性格，他一直任职 11 年。直到元成宗死后，元武宗继位的第二年才任满。这十多年中，他遍游江浙名胜，广交各地贤士名人，饱览大量名画遗存，创作了许多诗文、书法、绘画作品。

　　元武宗乙酉年（1309 年）七月，皇帝打算升任赵孟頫为中顺大夫，但是赵孟頫没有接受。那时还没有继承帝位的武宗的儿子爱育黎拔力八达，在东宫广泛招揽人才，赵孟頫被召入宫，在庚戌年（1310 年）十月，拜为翰林侍读学士，管理制定制度，发布律令，并编修国史。这一年他创作了《松水盟鸥图》，至今还保存完好。1312 年，爱育黎拔力八达登基做了皇帝，他就是元仁宗。不久，他升任赵孟頫为集贤侍讲学士（相当于皇帝的文史顾问），中奉大夫，官阶为从二品。他的夫人管道昇也被封为吴兴郡夫人。赵孟頫因元世祖简拔，与他很是亲密；到了元仁宗时，可以说恩宠达到了极限，连父亲和祖父都得到了封赠。一年后改封翰林侍讲学士，同年十一月又转集贤侍读学士，正奉大夫。次年又升集贤学士，资德大夫。再一年多拜为翰林学士承旨（相当于推荐他的程钜夫，当时程卸任回乡，赵孟頫接替了他），荣禄大夫。几年间，不断加官晋爵，官居从一品，推恩三代，父、祖、曾祖都得到封赠。赵孟頫的夫人管氏被封为魏国夫人，可谓荣华已极。仁宗几天不见孟頫，就派人问讯，就连管道昇

脚气病犯了，仁宗皇帝都派太医前去诊治。有人不理解仁宗皇帝的用意，就在中间诽谤离间，但是都被仁宗严词驳斥，并给毁谤者加罪，目的是要消除闲言。当然，赵孟頫也十分感激仁宗的恩宠，他忙于书写大量的制、表、经卷、碑文，还写了很多颂扬之词。他曾写《万寿曲》来祝贺仁宗岁始，称仁宗为"太平天子"。他和元朝的权贵以及地位较高的书画家也交往甚密，如脱帖木儿、高克恭、何澄等人。他的许多学生、朋友因为他的原因，也得以到京师为官，慕名拜师的人也有很多。己未（1319年）年，赵孟頫66岁，因为他的夫人管道昇旧病越来越厉害，就向元仁宗请假，得到恩准，返回了老家。四月二十五日从大都（今北京）出发，五月十日到临清，管道昇因病死于舟中，终年58岁。赵孟頫"哀痛已极"，和他的儿子赵雍护灵柩回归吴兴。到家后，便在家超度夫人亡灵，仁宗又派人送来绸缎多匹慰问。这年冬天，仁宗又召他还朝，他因为有病没有离开故乡。到了至治元年（1321年），元英宗即位，对赵孟頫依旧待遇优厚。第二年六月十六日，赵孟頫白天还在吴兴老家观书写字，像平常一样谈笑风生，晚上却安详地离开了人世。享年68岁，追封魏国公，谥文敏。赵孟頫晚年声名显赫，夏文彦《图绘宝鉴》盛赞他"荣际王朝，名满四海"。

### （三）关于赵孟的几个故事

其一，议法。赵孟頫在兵部郎中任上时，元世祖召集百官在刑部议法。众官员准备拟定收取至元钞二百贯赃款者可以处死刑，赵孟頫却说："开始造纸钞时，是用银钱来衡量的，银钱实，纸钱虚，虚实是相一致的。到现在有二十多年了，虚实相去有十倍，所以改中统为至元，再过二十年，至元还会和中统一样的。古时认为米和绢是人们生活所必需的，称之为二实，银、钱与二物相

权衡，称之为二虚。这四样才是有价值的，虽然有时升，有时降，可是相去都不会太大。收取的赃钱用绢来衡量，最为合适。况且钞票是宋代创制的，在边境使用时，金人沿袭着用的，都是不得已而仿效的，现在却用纸钞来判断人的生死，似乎不足取。"有人责备赵孟頫说："现在朝廷用至元钞，所以犯法者用它来衡量论罪。而你认

为不对，难道要阻滞至元钞的使用吗？"赵孟頫说：
"法律关系到人的生命，制定时可轻可重，有时候可
以免除人的死罪。我今天奉皇帝的命令参与议论，
不能不说。中统钞虚，所以今天使用至元钞，谁能
说至元钞永远不会虚呢？你现在不遵循事理，反倒
用权势压人，可以吗？"那个人听后面有愧色。

其二，不遣虎臣。当时有个叫王虎臣的，说平
江地区的总管赵全不守法律。皇帝就让王虎臣前往
访察。当时的右丞相叶李一再进言，说不应该让虎
臣前去调查，皇帝就是不听。赵孟頫献言说："赵
全当然要接受调查，然而虎臣以前曾经在那里做过
大官，曾经多次强买别人的田地，纵容自己的宾客做一些不光明的事情，赵全
曾经多次与他争论，王虎臣对他有怨恨之气。现在让虎臣前去查问此事，他一
定会诬陷赵全的。事情就是完全查证属实，别人也不可能不怀疑。"元世祖明白
过来后，就改派他人了。

其三，被鞭打。当时丞相桑哥总管中央各部，上朝时有钟鸣，桑哥早早就
来到中书省，钟鸣后还没有到的六部各官员，就要挨鞭子。有一次赵孟頫来迟
了，断事官立即把赵孟頫拉出去进行了鞭打。之后，赵孟頫向右丞相叶李诉说
道："古者刑不上大夫，是要他们有廉耻之心，教他们懂得礼节和大义。而且
侮辱士大夫，也就是侮辱朝廷啊。"桑哥知道后，赶快慰问了孟頫，并且从此之
后，只有部级以下的官员才受鞭刑。

其四，解民困。赵孟頫在集贤直学士、奉议大夫任上时，北京发生了地震，
并且出现了地陷，还有黑沙水从地下涌出，百姓死伤过万，皇帝对此非常担忧。
赶紧召集集贤院和翰林院两院官员，讨论出现灾难的原因。参与讨论的人都畏
惧丞相桑哥，都只是泛泛地引用《经》《传》和五行关于灾难神异的话，认为要
多重视人民的事情来应对上天的变化，没有人敢提到当时真正的政治问题。在
地震之前，桑哥派遣忻都和王济理算天下钱粮，已经征入了数百万，还有数千
万没有收上来。老百姓被害得无以为生，自杀的一个接一个，有逃进山林的，
就派兵抓捕，没有人敢阻挡征收钱粮这件事。赵孟頫与阿喇浑撒里关系很好，
就劝他密奏皇上赦免天下，把钱粮赋税废除掉，或许上天可以变得慈善。阿喇

浑撒里就如孟頫所言上告皇帝。皇帝听从，就免除了钱粮之事。诏书已经拟好，桑哥很生气，说这一定不是皇帝的本意。赵孟頫说："那些没有收上来的钱粮，他们的人已经死光了，还能从哪里征收呢？现在不及时免除，将来有人以缺失数千万钱粮之罪责备尚书省，难道不连累丞相你吗？"桑哥顿时醒悟，老百姓也终于幸免于难。

其五，计除桑哥。元世祖曾经问及叶李和留梦炎两人谁的人品更好，孟頫说："梦炎是我父亲的上司，他为人沉稳厚道，做事非常自信，有谋略且能断大事，有能担当大臣的禀赋；叶李读过的书，臣都读过，叶李的所知所能，臣都知之能之。"皇帝说："你认为梦炎比叶李更贤德吗？留梦炎在宋时是状元出身，曾做过丞相，当贾似道为患朝政时，梦炎依附于他，阿谀奉迎来取悦；而叶李是一介布衣，却能上书皇帝，言明实际朝政，比梦炎有贤德啊。你却认为梦炎是你父亲的朋友，不敢直言他的过失，可以作诗来讽刺他。"孟頫的诗句中有"往事已非哪可说，且将忠直报皇元"之语，元世祖非常欣赏这一句。赵孟頫退下来对大臣彻里说："皇帝说起贾似道误国，责怪留梦炎不告知皇上，现今桑哥的罪状比贾似道更重，而我们却不明言，将来我们如何推却自己的罪责哪？然而我是被疏远的汉人，说了恐怕皇帝不听。皇帝近臣中能够读书知礼仪，慷慨有大节，又让皇帝信得过的人中，您是第一号人物。今天以先生你一条命，为十万、百万百姓除去祸患，是仁者的举动啊，您一定要把这件事进行到底。"于是彻里就向元世祖细说了桑哥的罪状恶行，皇帝不相信彻里，就命令卫士用竹篾打他的脸颊，打得他口鼻里都是血，一直流到地上。过了一会再问，仍然如方才所说，一点也不改变。当时有的大臣见有人先说了桑哥的罪状，就相继上言，揭发桑哥。于是皇帝按罪行诛杀了桑哥，罢黜尚书省，许多官员因为桑哥之事而被免职。

中国古代绘画大师

# 二、绘画成就

## (一) 绘画理论

　　明代文人王世贞曾经说过："文人画起自东坡，至松雪敞开大门。"意思是说文人作画从北宋的苏东坡开始，到了元代赵孟頫的时候，开始出现大批文人作画了，文人画也有了生气。这句话基本上客观地道出了赵孟頫在中国绘画史上的地位。无论是研究中国绘画史，还是研究中国文人画史，赵孟頫都是一个必须提及的关键人物。如果说唐宋的绘画意趣在于绘画和文学相辅相成，那么元代以后的绘画意趣更多地体现在书法化的写意上，而赵孟頫就是这中间的桥梁；如果说元代以前的文人画运动主要表现为舆论上的准备，元代以后的文人画运动则以其成功的实践，逐步取代正规画而成为画坛的主流，那么，赵孟頫就是引发这种变化的最关键人物，所以说赵孟頫是画坛变革转型时期承前启后的大家。赵孟頫在绘画方面有以下几点是前人所不及的：

　　一是他提出"作画贵有古意"的口号，扭转了北宋以来画坛古风逐步湮没的颓败形势，并且使绘画从工艳琐细的风气转向质朴自然。古意指的就是传统，赵孟頫明确指出："作画贵有古意，若无古意，虽工无益。今人但知用笔纤细，傅色浓艳，便自为能手，殊不知古意既亏，百病丛生，岂可观也。吾所作画，似乎简率，然识者知其近古，故以为佳。此可为知者道，不为不知者说也。"他所说的"古意"指的是北宋以前的画法，"今人"指的是学习南宋末画法的人。今人"用笔纤细"，指的是南宋马（远）夏（圭）一派的纤细刚劲的线条，这种线条的变化很有限，"傅色浓艳"的画，在现存的南宋画院的山水小品中较为常见，元初仍保持这种画风。南宋的画法自有它的优点，然而太因循守旧就不好了，大画家就是要能从一种已经形成的环境中另辟蹊径，将艺术带入另一种全新的境地，这就叫"变革"。

历史上每遇沧桑变易之际，文化很容易失去特定的规范，这时人们就会以历史作为一面镜子，从古代的启示中去寻找医救时弊的良方，如孔子的"克己复礼"、魏晋"竹林七贤"的返璞归真、唐宋的"古文运动"等，重视传统成为中国文化的特色之一。赵孟頫提倡"古意"的出发点也不例外，南宋刚拔苍劲、锋芒毕露的画风到元朝初年已经走向尽头，变革势在必行。赵孟頫引晋唐为法鉴，批评南宋险怪霸悍和琐屑浓艳的画风；另外，作为一位士大夫画家，他还一反北宋以来文人画的墨戏态度。这样，从价值学原则上讲赵孟頫既维护了文人画的人格趣味，又摒弃了文人画的游戏态度；从形态学原则上讲，赵孟頫既创建了文人画特有的表现形式，又在功力格法上无愧于正规画，并在绘画的各种画科中进行全面实践，从而确立了文人画在画坛上正规画的地位。应该说，赵孟頫使职业正规画和业余文人画这两种原本对立或者并行的绘画传统得以交汇融合。从此，一个以文人画家为主角，以构建文人画图式为主题的绘画时代，拉开了序幕。

其实，赵孟頫以其宋室王孙的身份而"被遇五朝"，也表现了他在政治上极其谨慎的态度。北宋为金所灭，南宋和金都被元朝所灭，这样，批判南宋是一种保险的态度，宣扬南宋则可能惹来麻烦。而且，赵孟頫的知心朋友钱选也是一位"无怨愤不平"的文人画家，钱选的画完全摒弃了南宋画法，潜心学习古人，这对赵孟頫影响是很大的。还有年长于赵孟頫的元朝贵族画家高克恭（字彦敬，号房山），也是一直学习二米、董巨，从来不学南宋画法，这当然对赵孟頫也有很大的影响。

为了改变南宋李唐以来流行的院体画风，赵孟頫继承了北宋的"崇古"思想，提倡"古意""刻意学唐人"，其目的还是为了创立一代绘画新风。他不仅

在实践中身体力行，并且在理论上也屡加明举，一生都没有改变初衷。赵孟頫在论诗、论书法、论画中，都明确言明要学习古人。他在《二羊图》卷中写明："余尝画马，未曾画牛，因仲信求画，余故戏为写生，虽不能逼近古人，颇于气韵有得。"他似乎把"逼近古人"看得比"气韵"还重要。

二是赵孟頫提出"云山为师"的口号，强调了画家的写实基本功与实践技巧，进一步克服了"墨

戏"的陋习。

他在 51 岁时画的《红衣罗汉图》卷，17 年后重题说："余尝见卢楞迦罗汉像，最得西域人情态，故优入圣域。盖唐时京师多有西域人，耳目所接，语言相通故也，至五代王齐翰辈，虽善画，要与汉僧何异。余仕京师久，颇尝与天竺僧游，故于罗汉像，自谓有得。此卷余十七年前所作，粗有古意，未知观者以为如何也。"从这则题

跋中可知赵子昂重古意，也看重写实，也许是古画中写实的成分更多的原因。我们已经知道，南宋绘画写实的成分较少，主观情绪较多（包括赵孟頫在内的文人画也是重视主观情绪的，不过二者主观情绪相反）。这也许是他反对南宋画法的又一个原因。前面已经说过，赵孟頫所说的古，一部分指的是北宋，更主要是指五代和唐，唐朝以前的画更古，但是很难看到。他虽然刻意学唐代，其实唐代的画所见已经不多。他说："盖自唐以来，如王右丞、大小李将军、郑广文诸公奇绝之迹，不能一二见。至五代荆、关、董、范辈，皆与近世笔意辽绝。仆所作者，虽未能与古人比，然视近世画手，则自谓少异耳。"在赵孟頫的心中，甚至越古越好。他还说："近见张萱《横笛仕女》，精神明润，远在乔仲山《鼓琴仕女》上，又李昭道《摘瓜图》真迹，绢素百破碎，山头水纹圆劲，树木皆古妙。又董元《江村春日》卷子，青绿微脱落，山头皆不描，但描浪纹树石屋木而已，虽较唐画差少古意，而幽深平旷，兴趣无穷，亦妙品。"绘画史上的复古在元代自赵孟頫始，确实取得了很高的成就。实际上古意、高古、有古法，唐代的张彦远、宋代的米芾等人都提倡过，不过他们的影响都不及赵孟頫大。当然，一味地崇古、复古，像清代"四王"那样以模古代替创作就不好了，其实赵孟頫根本不是那样。董其昌总结赵孟頫画风的一句话，最能说明其中真谛："吴兴（赵孟頫）此图，兼右丞北苑二家画法，有唐人之致，去其纤。有北宋之雄，去其犷。故曰师法取舍，亦如画家以有似古人不能变体为书奴也。"况且，他也能师法造化："久知图画非儿戏，到处云山是我师。"他的山水画作品中，有很多是写生和记录游览印象的，如《洞庭东山图》《鹊华秋色图》《吴兴清远图》等等。到了晚年，他见到杭州美景，因为眼病没有好，不能拿笔作画，还要他的儿子代而记之。

杰出的书画大家赵孟頫

他在山水、人物、花鸟、鞍马诸画科都有成就，画艺全面，并有创新。赵孟頫的画以鞍马最为著名，山水人物次之，但是以影响论，则山水最著名了。他的山水画面貌较多，以下专门讲一下他的山水画。

## （二）绘画作品

赵孟頫存世山水画作品中，最为高古的是《吴兴清远图》，现收藏在上海博物馆。此图长卷，高如书页。除了右上方"吴兴清远图"中"吴"字残半外，其余保存完好。画面上没有崇山峻岭，也没有深涧大壑，倒有坟堆似的孤丘小峦前后左右连绵不断，似浸似浮于一片湖光之中。境界雅静清远，正如他在《吴兴清远图记》中说的："春秋佳日，小舟沂流，城南众山，环周如翠玉琢削，空浮水上，与船低昂，洞庭诸山苍然可见，是其最清远处也。"其山形以近于方而直的稚拙线条勾出轮廓，没有皱褶，也没有擦、点、划的痕迹，内填石绿，只在近处的一处山上若有若无地存在几根柔而软的皴条。用的是石青和石绿的颜色，石下着一点赭石而已。其余都勾线填重色，远处的山也是用一线勾形，填石绿。山下的小树点点而成。整个画面色调柔和，接染自然，极其质朴而古雅。比起展子虔的《游春图》要有古意得多，它完全回到山水画刚刚开创的晋宋时代。它的构图似晋宋时代的山水画，一排山头，但不是完全的钿饰犀栉，而是有前后左右的空间关系，却没有五代北宋山水画那样的深岚大壑。它的用笔设色很像晋宋时期的山水画，但它是成熟的，看得出是艺术上的一种追求而不是晋宋时期的真正幼稚。《吴兴清远图》是不是赵孟頫早年作品不得而知，但它是赵孟頫刻意追求"古意"的作品确定无疑。

和《吴兴清远图》意趣差不多的有《幼舆丘壑图》（现存美国），此图虽然

属于人物画，实际上主要画的是山水，画法也很古朴，山石全用线勾，不用皴擦点染，填涂的是青绿重色。自题："此图是初敷色时所作，虽笔力未至，而粗有古意。"该图是他早年追求古意之作无疑。卷后有元代杨维桢的跋："今观赵文敏用六朝笔法作图，格力似弱，气韵终胜。"董其昌谓："此图乍披之，定为赵伯驹，

中国古代绘画大师

观元人题跋，知为鸥波手笔，犹是吴兴刻画前人时也。"这些评论都是很中肯的。赵孟頫所作人物、鞍马图的背景，其山水部分大多是这种风貌，很有"古意"。代表赵孟頫山水画突出成就以及对后世影响较大的山水画，应该是《鹊华秋色图》《水村图》等类型的画作。

《鹊华秋色图》（现藏于台北故宫博物院）纸本，纵 284 毫米，横 932 毫米，是赵孟頫 42 岁时辞官回吴兴时画送给他的好友周密的。平远构图，画中一片辽阔的泽地和河水，前汀后渚，沙碛平坡，由近及远，有一望无垠之感。平平的画面上，右边耸起一座如金字塔形的双峰不周山，尖而且峭。左边突出一座像元宝似的鹊山，平而长。在鹊山和不周山当中及前后左右布置很多树木，或疏或密，或松或柳，高低参差不齐；芦荻水草，茅屋鱼罾，行人往来如蚂蚁。此图吸取了唐、五代至北宋山水画的优秀传统，尤其吸取了王维和董源的画法，再经过作家自己的变化，最终形成了自家风貌，是了解赵孟頫山水画成就的重要作品。

赵孟頫对王维的画法一直是十分倾心的，这在他同时的杨载、范梈以及其后的董其昌、陈继儒等人中都有论记，他本人也说："王摩诘（王维）能诗更能画，诗入圣而画入神。自魏晋及唐几三百年，唯君独振。"实际上王维的画到了元朝很难有真迹存世了。但从传说是王维的作品中，我们仍能看到《鹊华秋色图》与它的一致性。就题材论，没有崇山大岭，一丘一壑、树丛林木、屋宇渔罾，分段组合；就画法论，山形皆用柔曲的线条勾皴，杂树点簇而成。但《鹊华秋色图》显然更加浓厚，更加成熟。董源的水墨山水画是学习王维的。据周密的《云烟过眼录》所记，赵孟頫多次由衷称赞董的画"山色绝佳""真神品也"。实际上《鹊华秋色图》吸收董源的画法更多，其水草芦荻、沙碛汀渚都可以在董源的画中找到踪迹。用笔设墨的气氛更加相似，但比董源的画更加潇洒简秀，疏空隽朗。所以董其昌才有如下评论，"吴兴（赵孟頫）此图，

兼右丞北苑二家画法，有唐人之致，去其纤。有北宋之雄，去其犷"。

《洞庭东山图》（藏于上海博物院）绢本，纵619毫米，横276毫米。此图的复制品很多，都与原作不同。原作的墨色十分清淡含糊，一般的印刷品因为追求反差效果，反而清楚，笔墨比原作浓重得多。此图画的是太湖东洞庭山之景，原来还有《洞庭西山图》一幅与之为对，可惜已经遗失。作画仍然效法董源，但是也已经另参高格，较之董源更加淡雅文静，更加温润柔和，笔墨轻渺，若淡若无，颜色清润，近于清水。这幅画画格与南宋迥异，也不同于北宋。没有一点猛烈的气势，也没有雄强的笔调，它以清淡的线条，平静的心情，悠然自得地写出山的大概形体，皴似披麻、解索。董、巨山头上留矾头，赵孟頫在此图上着小青绿，山石的下部皴条稍密，着赭石色，山的边缘处细密点点，如蚂蚁一样小，似青苔，如树木。树用线勾干染赭，以墨及青绿点叶。水纹细密如鳞，好似展子虔的《游春图》。水中石滩全用线条勾写，不加擦点，其皴法已经开了子久法门，与子久山水画法基本一致。这幅图应该成于《鹊华秋色图》之后，已经形成了水墨浅绛法的初步特征。

对元画的突出风格的形成产生更多影响的当是赵孟頫的《水村图》。该图纸本，纵249毫米，横1205毫米，画的是江南山村水乡的平远小景。沙丘低峦，滩渚芦荻，荒树桥浦，渔舟出没。意境清旷疏朗。画的右上角自题"水村图"三字，左下角题"大德六年十一月望日为钱德钧作。子昂"，后来又在别的地方题词："后一月，德钧持此图见示，则已装成轴矣。一时信手涂抹，乃过辱珍重如此，极令人惭愧。子昂题。"后纸还有元、明四十余段题跋和观题。此图反映了元初山水画的最新面貌。就题材论，打破了以往绘画名山大川、高石巨窠、楼阁寺宇的惯例。画的是隐逸生活的理想境界，据钱德钧《水村隐居记》也可以得到证实。它是文人隐士的田园别墅的真实写照，也正是赵孟頫理想的栖息之地。

画法上虽然溯源于董、巨，但是已经蝉蜕龙变。董、巨的披麻皴繁复，点子皴密多，湿润温媚，浑厚浓郁，一片模糊。赵作此图，也用披麻皴，但枯笔干淡、简练萧疏、线条清晰明朗，很少擦摹，也不作繁复含糊之状。画沙滩汀渚，也不似董、巨那样

中
国
古
代
绘
画
大
师

用湿墨横抹，而是用干笔侧锋作条子状横扫淡拖。皴线含蓄，变化多端，完全像书法的笔意。虽然和他 42 岁时所作《鹊华秋色图》出于一路，但在笔墨运用上更加精炼、纯熟，元画的特点更加突出。董其昌在卷后题："此卷为子昂得意笔，在《鹊华图》之上，以其萧散荒率，脱尽董、巨窠臼。"这话确实不假，这幅画是中

国文人画进入又一新的境界的标志，黄子久、倪云林的山水画基本上从这里变出。

《双松平远图》（藏于美国大都会博物馆），比《水村图》更为典型。画面上，近处双松，松下几块石头，隔水对岸一片低缓山丘，左边六行题款记的是他对山水画见解的名言："仆自幼小学书之余，时时戏弄小笔……"此图构图已开倪云林一河两岸、简练空旷的先河。画法上简练到几乎没有皴染，山石只一道轮廓，笔势更夹杂着飞白，这是他的自创，是从李成、郭熙一系列画法蜕化而出。但是郭熙画法中所具有的水墨湿润、气势雄浑的特色已经消失，其画山丘树石是以淡墨枯笔写出，完全如书法，在用笔转折顿挫上颇见情趣，笔势骨骼奇特，看得出是他在《水村图》画法的基础上进一步的演化，是他的山水画成熟之后的最简作品。

《江村渔乐图》（藏于美国明德堂）的主要笔法即来自李成、郭熙。画中近处三株松树用线尖颖基本和李、郭相似，窠石的基本面貌和画法也是明显由他们变化而来。赵孟頫此图勾勒后，只用淡墨染过，再敷重青而不像郭熙那样墨色具有层次化。画坡角也类似李成、郭熙，先勾轮廓，再略加皴斫，后染赭石等色。岸上大都平画数笔，分出远近，再染石绿，远处的山，也是用细线勾画轮廓，无皴，于山阴处稍渍淡墨，近者敷石绿。远者、高者敷石青，皆无苔点，类似唐前期李思训等人的画法。

赵孟頫 50 岁时所作《重江叠嶂图》卷（现藏中国台湾），是纸本画，纵 284 毫米，横 1764 毫米。右上角"重江叠嶂图"前三字已残，卷尾自识"大德七年二月六日，吴兴赵孟頫画"。画面江水辽阔旷远，水无纹。群山重叠气势非凡而且具有空灵之感。线条清爽，笔墨湿润，松树勾簇尖颖，小树枝如蟹爪，山石中多用水墨渲淡，保留李、郭画貌较多，但比他们更加潇洒，长线条和

《水村图》相似。总地来说，赵孟頫的山水画面貌很多，很难用一句话概括，各个时期的风貌也不固定。他师从百家，上自晋、唐、五代，下至北宋，似于董、巨一派山水画法用力更多。他力摒南宋画法，但有时候也会适当利用。他的山水画发展过程，虽无严格的规律可寻，但是有一个大概的规律。他从最古的学起，至王维，再到董、巨，再至李、郭。由古朴高简，至潇洒、劲秀、温润，再到简练、概括，以至清和、恬静。由繁到简，由重色填写淡墨写意。一步一步探索文人写意山水画的新道路。但终以师法董、巨而往简练方面变化的一条路对后人影响最大。

赵孟頫还重视绘画中的书法用笔。他在《秀石疏林图》卷后自书一诗："石如飞白木如籀，写竹还于八法通。若也有人能会此，方知书画本来同。"他的画印证了他的观念。以书法入画，使绘画的文人气质更为浓烈，韵味变化增强。

他还提出"不假丹青笔，何以写远愁"的口号，以画寄意，使绘画的内在功能得到深化，涵盖更广泛。

他在南北一统、蒙古人入主中原的政治形势下，吸收南北绘画之长，复兴中原传统画艺，维持并延续了其发展。

作为一代宗师，不仅他的友人高克恭、李仲宾，妻子管道昇，儿子赵雍受到他的画艺影响，而且弟子唐棣、朱德润、陈琳、王渊，外孙王蒙，乃至元末黄公望、倪瓒等人都在不同程度上继承发扬了赵孟頫的美学观点，使元代文人画久盛不衰，在中国绘画史上写下了绮丽奇特的篇章。他本人的画更被后世称为"神品"，成为中华优秀文化中十分亮丽的一笔。

# 三、书法成就

赵孟頫博学多才，诗文都很擅长，懂经济，工书法，精绘画，擅金石，通律吕，解鉴赏。上节我们知道，他的绘画开创元代文人画新画风，山水、人物、花鸟、竹石、鞍马无所不能，工笔、写意、青绿、水墨，无所不精，被称为"元人冠冕"，元代晚期山水画四大家黄公望、吴镇、倪云林、王蒙都从他这里发源，实为画史一流人物。赵孟頫在印章方面也建树很高，奠定了以汉为宗的文人篆刻艺术审美观，又以小篆入印，开"元朱文"一脉。若以文艺上广博和精专的程度而言，他堪称不世出之奇才。

赵孟頫是元代初期很有影响的书法家。他五岁开始学习书法，从此没有间断过，直到临死前还观书作字，足见他对书法也是情有独钟。元代赵昉在《东山存稿》中说："公（孟頫）初学书时，智永《千文》临习背写，尽五百纸，《兰亭序》亦然。"明朝宋濂在《题赵魏公书大洞真经》中说："盖公之字法凡屡变，初临思陵（赵构），后取则钟繇及羲（王羲之）献（王献之），末复留意李北海。"智永《千文》是王羲之的嫡传笔法，宋高宗赵构也是崇尚二王法度的，赵孟頫从这二家入手，很快直接追溯东晋之风，中年又辅以以李邕为主的唐人之法。赵孟□用力最多的应当是二王，评论者说："赵魏公留心字学甚勤，羲、献书凡临数百过，所以盛名，充塞四海者，岂无其故哉。"元代虞集也说："赵松雪书，笔既流利，学亦渊深，观其书，得心应手，会意成文。楷法深得《洛神赋》而揽其标，行书诣《圣教序》而入其室，至于草书，饱《十七帖》而变其形，可谓书之兼学力、天资，精奥神话而不可及矣。"赵孟頫自己也说："（王羲之）总百家之功，极众体之妙，传子献之，超轶特甚。"可见二王乃是赵孟頫的根基。在艰辛的临摹古人的过程中，他兼顾形似和气韵，元代的陆友在《研北杂志》中说："唐人临摹古迹，得其形似，而失其气韵；米元章得其韵失去形似。气韵、形似具备者，唯吴兴赵子昂得之。"形似是"学力"所致，气韵

杰出的书画大家赵孟頫

乃"天资"使然，进而"精奥神话"，不为别人限制。元代黄潘在《题赵公临右军书》中说："今人临二王书，不过随人作计，如卖花担上看桃李耳。若赵公乃枝头叶底亲见其活精神者，此未易为俗子道也。"从古代开始学习王羲之、王献之的书法的人，应该多得数不过来，大多如卖花担上的桃李，有形无神，或如宋人率性而为，得意而忘形；文质俱存，形神兼备如赵孟頫者很少。"活精神"三个字，确实没有几人能担当得起！此外，赵孟頫广泛取法，诸体兼修，除了学习晋人、唐人，章草学索靖，隶书学梁鹄，篆字学李斯，真正"总百家之功，极众体之妙"，终于成为"唐以后集书法之大成者"。他与颜真卿、柳公权、欧阳询一起，被称为楷书"四大家"。

赵孟頫在追求古法的过程中，无论师从哪一家，都以"中和"的态度学习他们，然后从这家脱出，进行创新，形成自己的全新特色。钟繇的质朴沉稳，王羲之的潇洒蕴藉，王献之的恣肆流利，李邕的崛傲敧侧，皆取其醒目之外，而微妙其意，融入自家笔底。因而赵氏的书法并没有特别突出的个性化符号，既不是专心于骨力、气势，也不注重于表现质重、浑厚；既不是全然恣肆佻达，也不是全力于含蓄蕴藉，而是将古人书中的一切合理因素概以"中和"化之，不偏不倚，不激不厉。这种"中和"之美，需要深厚的功力加上丰富的学养，还需要辅以超凡脱俗的气质，方能从古人的书法作品中披沙沥金，终至华丽而不甜腻，流美而具骨力，潇洒中见文雅，秀逸中显清气。在这一书风形成过程中，退笔成冢的临写功夫必不可少，尤其必须对古人笔法谙熟于胸，这就使得"赵体"在形成以后，不可避免地带有驾驭笔法及结字能力过于精熟的惯例，因而在极端熟练的书写中，必然会导致某些刻意而为的作品反倒缺少变化和意趣，赵孟頫书写长篇的用力之作往往不如尺牍短札即是此例。因此，后人评赵书的

缺点，识者皆集中于一"熟"字上，这固然是赵孟頫书法的局限之处，但董其昌说："赵书因熟得俗态，吾书因生得秀色。"这是把赵孟頫视为假想敌的刻薄之语，赵氏若不能超越"熟而不俗"的底线，又岂能以典雅平正的中和之美领一代风骚。正如柳贯在《跋赵文敏帖》中所说："余问其何以能然，文敏曰：'亦熟之而已。'然见习之久，心手俱忘，智巧之在古人，尤其在我，纵横捭阖，无不如意，

尚何间哉!"至于后世以赵孟頫为"宗室之亲,辱于夷狄之变",而讥其书为"奴书",历代论者对这种大而无当的论调多有驳斥。赵氏终生致力于重建书法经典的权威,以保薪火不灭,古法不失,这又何尝不是一种气节?

《元史》本传中说赵孟頫"篆、籀、分、隶、真、行、草无不冠绝古今,遂以书名天下"。在各体中,其成就最大者当首推行草,其次为楷书,后世所谓"赵体"就是专指此二体而言。赵氏行草直入山阴之室,承接王羲之的温和斯文,遒媚流美之风。笔法蕴藉沉稳,圆熟精到;结字平正秀丽,形聚而神逸。现藏于辽宁博物馆的行书《归去来兮辞》卷,作于大德元年(1297年),为赵孟頫中年力作。此帖以行书为主,间以草法,用笔珠圆玉润,婉转多姿,遥接晋人风神,非宋人所能到。王世贞《弇州四部稿》云:"《归去来兮辞》妙在藏锋,不但取态,往往笔尽意不尽。"现藏于吉林省博物馆的《种松帖》,为赵孟頫晚年行草作品。此帖用笔中锋直下,点画圆健遒劲。结体布白,运笔转折,以及气韵神味,无不融汇古今,游刃有余,可谓笔老墨秀,炉火纯青。

赵孟頫楷书初从钟繇、智永得法,以真行相通之晋人笔法出之,绝去颜真卿、柳公权顿挫之笔,一改中唐以后书碑楷法之结体笔势,正是赵氏楷书独到之处。中年后又揉入李北海笔法,增添飞动之势及峭拔之力,进而在唐代贤人之后卓然成为大家,有"欧、颜、柳、赵"之并称。现藏于日本东京国立博物馆的大楷《玄妙观重修三门记》,写于大德六年(1302年)。此记楷法精严,结体方阔,笔势沉稳,点画舒张,气息醇厚,大有李邕《岳麓寺碑》之神态精髓,还具有六朝碑版的风格气韵。此记不以变化见长,通篇之中,只要相同的字,相同的部首,相同的笔画,乃至相似结构方式的字,均有一种或几种固定的写法,形状几乎没有差别,仅以横宕之笔势、略侧的体势,以及真行兼通之用笔来体现生动姿态,可见作者性情是如何内敛,笔法是如何娴熟。这种首重功力和法度的楷书,唐以后很久没有见过了。后人对赵孟頫的楷书缺乏神采与机趣的评说虽不无道理,但很多人云亦云者,其实并未读懂此类含蓄内敛楷书的妙处。李日华曾说:"《玄妙观重修三门记》,有太和(李邕)之朗,而无其佻;

有季海（徐浩）之重，而无其钝；不用平原（颜真卿）面目，而含其精神。天下赵碑第一也。"此记篆额精美秀劲，乃合李斯及李阳冰之法而出，足见赵孟頫篆书之功力。

赵孟頫小楷一直为历代所重视，和他同时代的书法家鲜于枢给他的小楷《过秦论》作序："子昂篆、隶、真、行、颠草为当代第一，小楷又为子昂诸书第一。"赵氏得力于二王及钟繇小楷各帖，又从鲜于枢那里观看了东晋道士杨羲书写的《黄庭内景经》，遂致力于缜密与飞动合一。赵氏小楷除了抄录历代名篇外，多为佛道经文，如《妙法莲华经》《阴符经》《度人经》《金刚经》《道德经》等，都是长篇巨制，有时反复抄写，用力勤勉的程度，历代书法家几乎无人能超越他。鲜于枢题《过秦论》说："笔力柔媚，备极楷则。后之览者岂知下笔神速如风雨耶。"足见赵孟頫小楷是多么精熟。"笔力柔媚，备极楷则""奇正沓出""下笔神速"描述的正是他的小楷缜密而不失飞动的特点。现藏于北京故宫博物院的《道德经》卷，作于延祐三年（1316年）。此卷结体紧凑匀称而不乏灵活生动，细微处一丝不苟，笔笔精到，神采奕奕，寓刚劲于柔润，含妍丽于静穆。

南宋至元初，皆为北宋"尚意"书风之末流，苏东坡、黄庭坚、米芾三家写意抒怀的精髓并未得以发展，他们自身反倒成为被竞相模仿的对象。世人多以三家为宗，只有很少人兼学唐人碑版，陈陈相因，不思进取。赵孟頫的出现，使元初书风发生了巨大转折。他力主归宗二王，复兴古法。其题自书苏诗卷云："学书须学古人，不然，虽笔秃成山，亦为俗笔。"又说："当则古，无徒取于今人也。"所谓"则古"，即以古法为准则，而"徒取于今人"则是对时风提出了尖锐的批评。那么，如何继承古法，或者说古法中最重要的是什么呢，赵氏

《兰亭十三跋》云："书法以用笔为上，而结字亦须用工。盖结字因时相传，用笔千古不易。"这种说法拈出"用笔"这一书法嬗变中的实质问题，可谓一语中的，遂成为书法史上的著名论断。赵孟頫以崇古为立场，实则是借古开今，用效法古人来矫正时弊。在他的影响下，元代书法家纷纷改弦易辙，以效法晋人书风为荣耀，并由此上溯两汉、先秦。同时又在赵孟頫多种书体都擅长的带动下，行、楷、近草、章草、

隶、篆乃至籀书等各种书体在元代均得到了充分发展，不像宋代仅以行、草风行。而正是在赵氏遒媚秀逸书风的规导之下，使得元代的书法不但没有流于粗野怪诞，反而呈现了一派纯正典雅的古风。元末卢熊跋《赵魏公二帖》云："本朝赵魏公识趣高远，跨越古人，根柢钟王，而出入晋唐，不为近代习尚所窘束，海内书法为之一变。"这"一变"不仅是元代书坛振兴的标志，其书史意义甚至涵盖了此后五六百年。以一人之力而"一变"百年风气，赵孟頫也就很自然地成为元、明、清三代最具影响力的书法家。

赵孟頫的传世书迹较多，有《洛神赋》、《道德经》、《胆巴碑》、《玄妙观重修三门记》、《临黄庭经》、独孤本《兰亭十一跋》、《四体千字文》等。他在中国书法艺术史上有着重要地位和深远的影响力。他在书法上的贡献，不仅在于他的书法作品，还在于他的书论。他本人有不少关于书法的精到见解。他认为："学书有二，一曰笔法，二曰字形。笔法弗精，虽善犹恶；字形弗妙，虽熟犹生。学书能解此，始可以语书也。""学书在玩味古人法帖，悉知其用笔之意，乃为有益。"在临写古人法帖上，他指出了颇有意义的事实："昔人得古刻数行，专心而学之，便可名世。况兰亭是右军得意书，学之不已，何患不过人耶？"这些都可以给我们重要的启示。可以说在书法史上没有一个朝代像元朝这样，受一人影响如此深远。元代的主流书法家无不聚集在赵孟頫的"复古"大旗之下，与赵孟頫同辈的有与之并称"元初三大家"的鲜于枢、邓原，弟子辈有虞集、柯九思、张雨、揭傒思、黄公望、朱德润、俞和、康里巎巎等，亲属一支则有妻子管道昇、儿子赵雍、外孙王蒙等。

# 四、诗文成就

　　作为第一个君临天下、一统中华的少数民族，元朝统治者执行的是民族歧视政策，将全国人分为四等，第一等是蒙古人，第二等是色目人，第三等是汉人，第四等是南人。南人的地位最低，几乎没有什么权利。当时的文人墨客按照正统的忠君爱国思想是应该反抗元朝的统治的（如文天祥），至少也应该隐居起来，不能为元朝做官。但赵孟頫却不然，他以宋宗室的身份，竟然做起了消灭自己宗亲的敌人的大官，在当时人们对他的评价如何可想而知。赵孟頫是如何想的，如何做的，现在我们分析一下他的思想和诗文成就。

　　赵孟頫以书画著称，诗文也冠绝时流，著有《松雪斋文集》十卷（附外集一卷），此外还著有《尚书注》等。何贞立为他的文集作序云："若制诰、若碑志、记序、铭赞、若诗、若乐府，与他杂著，皆读之一再过，益信公为世所称慕者名非虚也。然犹惜今人徒称公书法妙绝当世，而未知公学问之博、识趣之深、词章之盛，乃以其游艺之末盖其所长，是固不得为知公也。"赵孟頫的一生位极人臣，享受了无尽的荣华富贵，然而内心却忍受了无穷的折磨。他的一生可以用"矛盾、痛苦、悔恨、委屈"八个字来概括，一生富贵，却"中肠惨戚泪常淹"，痛苦极了。

　　赵孟頫对大宋王朝当然是有感情的，直到晚年，也没有停止故国之思。但南宋的腐朽又使他失望，破坏是不行的，因为他是宋朝的臣民，还是宋太祖的后人；维护又没有力量，况且大厦将倾，不是一木所能独支。他的心情十分矛盾，既爱又恨。他后来在杭州写的诗《岳鄂王墓》，是他的典型代表作品，可以见其思想之一斑：

鄂王墓上草离离，
秋日荒凉石兽危。
南渡君臣轻社稷，
中原父老望旌旗。
英雄已死嗟何及，
天下中分遂不支。

中国古代绘画大师

莫向西湖歌此曲，

水光山色不胜悲。

在宋朝灭亡之前，他并没有叛宋降元。但他当时还年轻，不甘心终老于户牖之下，他希望干一番事业。赵孟頫说："士少学之于家，盖欲出而用之于国，使圣贤之泽沛然及于天下。此学者之初心。"其生母很早就教育他要"自强于学问"。元初，又告诫他"多读书""以待圣朝之用""以异于常人"。所以，尽管他处于风雨飘摇的时代，仍然是"昼夜不休"地读书，以期将来能有所作为。他很明白，当时参加任何政治、军事上的斗争都是无益的，事实上，他也没有那样做。他非常希望出来做官，干一番大的事业。但他又是宋朝宗室，不能降志辱身以事元。他很清楚，那样做会遭到世人和后人的非议。所以，当元朝贵族夹谷之奇第一次保举他做翰林时，赵孟頫拒绝了。元朝的统治者几次到江南搜访隐逸之士，大部分人都拒绝出来做官，谢枋不但拒不出仕，并且说江南人才做元朝的官是可耻的。在赵孟頫出来做官前后，还有很多人劝他不应如此。戴表元著有《招子昂歌》，牟巘有《简赵子昂》和《别赵子昂》诗。吴兴刘承幹跋《陵阳集》时还特别指出："……如《简赵子昂》云：'余事到翰墨，藉甚声价喧。居然难自藏，珠玉走中原。'曰'藉甚'曰'居然'，皆隐寓不足之辞也。又《别赵子昂》诗云：'荆州利得习凿齿，江左今称庾子山'，亦以子昂之仕元而哀之也。"不过大家要知道，赵孟頫是王孙的身份，这和别人不同，他是出山还是隐居，乃是生与死的问题。谢枋拒绝仕元，后来被元朝统治者杀害了。当赵孟頫第二次被官府"强起"出仕时，他仍然抗议，如此说道："尧舜在上，下有巢由，今孟頫、孟贯已为微、箕，愿容某为巢、由也。"然而到了第三次，他就不得不出仕了。这一次，可能还有点绑架性质。他自己的诗如是说："捉来官府竟何补，还望故乡心惘然。"便是证明。赵孟頫毕竟出仕了，没有用一死来殉赵宋，正是他矛盾心理的归结。他从小"愿学而用之于国"的思想是不能不起一点作用的。

赵孟頫出来做官后，"被遇五朝，官居一品，名满天下"，当他受到元朝统治者恩宠时，他有得意的一面，但更多的是痛苦的一面，而且最深沉处是痛苦。

他首先表现出的是深切的后悔之情。他的《罪出》一诗最为深刻："在山为远志，出山为小草。古语已云然，见事苦不早。""平生独往愿，丘壑寄怀抱。图书时自误，野性期自保。""昔为海上鸥，今为笼中鸟。"还有《寄鲜于伯机》诗云："……误落尘网中，四度京华春。泽雉叹畜樊，白鸥谁能训。"还有他的《自释》一诗说："君子重道义，小人重功名。天爵元自尊，世纷何足荣。"因而他对那些抱节自屈的遗民特别尊重，即使这些遗逸对他很不满，他还是去拜访他们，写诗、赠诗称赞他们。

赵子昂由出仕之后悔，到感到富贵之压抑，导致他一生中最向往的是隐逸生活。在他的心目中，除了庄子，陶渊明便是他理想的化身，他画陶渊明形象，以陶渊明的诗入画内容最多。他在《四慕诗次韵钱舜举》中云：

周也实旷士，天地视一身。

去之千载下，渊明亦其人。

……

九原如可作，执鞭良所欣。

在《次韵冯伯田秋兴》中云"彭泽丹青顾虎头"。在《酬藤野云》诗中谓自己："闲吟渊明诗，静学右军字。"在《五柳先生传论》中云："仲尼（孔子）有言曰：隐居以求其志，行义以达其道。吾闻其语，未见其人。嗟乎，如先生近之矣。"当和他一同出仕的吴澄毅然弃官归去时，他写了《送吴幻清南还序》来表达他的心迹说："……吴君翻然有归志……吴君之心，余之心也。"又云"吴君且住，则余当何如也：吾乡有敖君善者，吾师也。曰钱选舜举，曰萧和子中，曰张复亨刚父……（注：上面所说的人都是隐士）。吾处吾乡，从数子者游，放乎山水之间，而乐乎名教之中，读书弹琴，足以自娱……"此时赵孟頫34岁，进京才一年。进京的第二年，他35岁，写了著名的《罪出》一诗来自

我谴责。第四年又写了"误落尘网中，四度京华春"的沉痛诗句。第五年他又写下了"宦游今五年……掩卷一淋然"之句。可以说句句带血，句句揪人肝肠。一连串的"淋然""罪出""尘埃""俗梦"，坚定了他的"归志"。此后，赵孟頫更加向往隐逸，向往自由的生活。他去济南任职暂回吴兴，写下了"非干高尚幕丘园"的思隐之句，又写道：

多病相如已倦游，思归张翰况蓬秋。

鲈鱼莼菜俱无恙，鸿雁稻粱非所求。

空有丹志依魏阙，又携十口过齐州。

闲身却羡沙头鹭，飞去飞来百自由。

从这首诗中可以看出，他是何等向往去官而过上自由的生活。

出来做官的第五年，赵孟頫有《次韵周公谨见赠》一诗，表现了他对官场的厌倦和对故乡的思念。45 岁时，他在题自画小像的一首诗中，表达了弃官归隐的决心："……濯缨久盼

从渔父，束带宁堪见督邮。准拟新年弃官去，百无拘系似沙鸥。"并且他还画了《陶靖节（陶渊明）像》，以寄托自己的向往。陶渊明的事迹一直是他最喜爱的题材，56 岁那年，他还画了《白描陶潜事迹》成连环形式，其中有《陶像》《不见督邮》《弃官归去》《抚无弦琴》《醉菊》等 14 幅。就在他拜为翰林侍读学士那一年，他还画了一幅《松水盟鸥图》，以表达他的心迹。直至晚年，他在《次韵弟子俊》诗中还说：

岁云暮矣役事事，蟋蟀在堂增客愁。

少年风月悲清夜，故国山川入素秋。

佳菊已开催节物，扁舟欲买访林丘。

从今放浪形骸外，何处人间有悔尤。

这首诗可以说反映了赵孟頫一生的痛苦、忧愁、无奈的心情，并且饱含深切的沉痛。一生向往隐逸，却始终身陷官场的桎梏。"空怀丘壑志，耿耿固长存"，这么深刻的矛盾心理，怎能不痛苦？

赵孟頫，一个宋代王孙，在宋朝也只是谋了个司户参军的卑小职位，宋王朝灭亡了，他本与平民无异，但是很多人还希望他抱住宋代这只沉没的破船不放，甚至要一起沉下去才好。他自己虽然也曾希望如此，但又不甘心，矛盾极了。他出仕实为不得已，在当时已经遭到很多人的反对，到了后世将会遭到更多人的唾弃，这一点他一定预料得到。他的内心无限苦痛，到了老年"中肠惨戚泪常淹"，其《自警》一诗，概括他的一生，最为沉痛：

齿豁童头六十三，一生事事总堪惭。

唯余笔砚情犹在，留于人间作笑谈。

官居一品，名满天下，却"一生事事总堪惭"。矛盾、痛苦、委屈，正是造就伟大艺术家特有的土壤。

赵孟頫死后，宋代遗民存世已经不多。元代的大画家黄公望、吴镇、倪瓒、王蒙对他似乎并没有非议，而只是注意到他的艺术，并加以推崇。但是到了明代，问题果然出来了。沈周《题赵文敏渊明像并书归去来兮辞卷》云："典午山河已莫支，先生归去自嫌迟。"李东阳言之更甚："赵子昂书画绝出，诗律亦清丽，其《溪上》诗曰：'锦缆牙樯非昨梦，凤笙龙管是谁家。'意亦伤甚。《岳鄂王墓》曰：'南渡君臣轻社稷，中原父老望旌旗。'句虽佳，而意已涉秦越。至对元世祖曰：'往事已非哪可说，且将忠直报皇元。'则扫地尽矣。其画为人所题者有曰：'前代王孙今阁老，只画天闲八尺龙'。有曰：'两岸青山多少地，岂无十亩种瓜田'。到'江心正好看明月，却抱琵琶过别船'。则几近骂矣。夫以宗室之亲，辱于夷狄之变，揆之常典，固已不同。而其才艺之美，又足以为讥訾之地，才恶足恃哉？"傅山尤其"薄其为人，痛恶其书浅俗"，谓其"只缘学问不正，遂流软美一途，心手不可欺也如此"。有人看到他画的马，作诗进行讽刺："黑发王孙旧宋人，汴京回首已成尘。伤心忍见胡儿马，何事临池又写真。""宋室王孙粉墨工，银鞍金勒貌花骢。天闲十万真龙种，空自骄嘶向北风。"后世文人常因赵孟頫以宋"宗室之亲，辱于夷狄之变"而责难他的人品，乃至影响到对他的艺术水平高低之评价。

若以今人眼光来看，做宋朝的官与做元朝的官并无二致，何况赵孟頫并没有出卖宋室，也没有在宋朝灭亡前投降元朝，而是在宋朝这只破船沉没之后，被人硬拉到其他船上的。若以旧伦理纲常论，赵孟頫当然应该像伯夷、叔齐那样不食周粟而饿死，能隐则隐，不能隐则一死以殉宋室。但赵孟頫本人既希望发挥自己的才能，又不希望出仕元朝，最后没有办法，只得半推半就地做了元朝的官。他到底缺乏猛士的精神，缺乏刚强的性格，缺乏磅礴的气魄。他为官后又后悔，一心向往隐逸，但是他缺乏一往无前的积极精神和果断决策。他虽遭人讥笑和非议，却不仅不计较，反倒能自责，宽以待人。他性情温顺平和，不违抗皇帝的旨意，小心谨慎，为官期间，不鞭笞一人，"士大夫莫不颂公之德"。可是他也伺机一

举除去了残暴的桑哥，上下游说，左右捭阖，又显示他十分精明。

　　赵孟頫的一些小散曲写得有清丽味儿，如《黄钟·人月圆》写道："一枝仙桂香生玉，消得唤卿卿。缓歌金缕，轻敲象板，倾国倾城。几时不见，红裙翠袖，多少闲情。想应如旧，青山澹澹，秋水盈盈。"还有其《仙吕·后庭花》云："清溪一叶舟，芙蓉两岸秋。采菱谁家女，歌声起暮鸥。乱云愁，满头风雨，戴荷叶归去休。"

## 五、历史地位与影响

    赵孟頫博学多才，能诗善文，懂经济，工书法，精绘画，擅金石，还精通音乐，解鉴赏，特别是书法和绘画方面的成就最高，开创元代新画风，被称为"元人冠冕"。在绘画上，山水、人物、花鸟、竹石、鞍马无所不能；工笔、写意、青绿、水墨，亦无所不精。他在我国书法史上也同样占有十分重要的地位。他从五岁开始学习写字，从此几乎没有停止过练习，直到临死前还观书作字，可以说对书法达到了如痴如醉的地步。他擅篆、籀、分、隶、真、行、草各书，尤其以楷书、行草著称于世。《元史》本传讲，"孟頫篆籀分隶真行草无不冠绝古今，遂以书名天下"。元代的鲜于枢在《困学斋集》中说："子昂篆、隶、真、行、颠草为当代第一，小楷又为子昂诸书第一。"其书风遒媚、秀逸，结体严整，笔法圆熟，世称"赵体"。与颜真卿、柳公权、欧阳询并称为楷书"四大家"。

    由于赵孟頫身为宋朝宗室，却做了元朝的高官，所以，对他的评价在历史上是不同的，我们可以简单地分为以下几种：

    第一，元朝的统治者对赵孟頫的评价。鉴于赵孟頫的学识很高和身份的特殊性，加上他在任职中也确实为元朝政府和老百姓做了一些好事，元代的最高统治者对他礼遇有加，态度甚睦，极为赞赏。元世祖初次见到他，就惊呼他是"神仙中人"，让他坐于右丞相叶李之上。为皇帝写诏书，元世祖说"得朕心之所欲言者也"。除掉桑哥之后，皇帝对他更是信任有加，委托他"参决庶政，以分朕忧"。"有旨，许公（孟頫）出入宫无间"。元成宗和元武宗对他同样礼遇优厚，但宠幸最深的还是元仁宗爱育黎拔力八达，仁宗告诉侍臣们说："文学之士，世所难得，如唐李太白，宋苏子瞻，姓名彰彰然，常在人耳目。今朕有赵子昂，与古人何异。"又曾与左右论及孟頫，人所不及者有：帝王苗裔，一也；状貌昳丽，二也；博学多闻知，三也；操履纯正，四也；文词高古，五也；书画绝伦，六也；旁通

 中国古代绘画大师

佛老之旨，造诣玄伟，七也。元朝皇帝对赵孟頫如此，虽然一些蒙古族官员从自身利益出发对他很猜忌，但很多人对他还是很尊崇的。如不可一世的桑哥对赵孟頫就很敬重，尽管这种敬重或许不是出自本心。

第二，艺术界对赵孟頫的书画文学的评价。撇开对赵孟頫人品的评论，如果单单谈论他的书画文学，文艺人士对其作品和性情都是赞赏的。前面我们已经说过，赵孟頫在绘画史上是连接南宋和元末及明朝的关键人物。由于元代社会的特殊性，产生了一代抒情写意画，南宋的山水画脱离了自然，故不是典型的写意画。所谓写意画，指的是作者随手点染地写出客观自然的意态，但在客观自然的意态中也能表露作者的真实心意。中国的士人受儒、道精神影响较多，儒、道两家都是反对偏激的，它们主张中庸、柔和，所以，南宋那种表现激烈情绪的绘画，除了在特定的历史时期外，士人们是很难完全接受的。赵孟頫的艺术与此完全吻合，他的艺术是温润整暇的，而不是刚猛峻拔的；是柔顺清雅的，而不是气势磅礴的；是清和平淡的，不是奇险怪谲的；是内敛的，不是外露的；风格手法是多种多样的，不是单一简纯的，这些都是他人格的体现，也正是这些开了一代新画风。

赵孟頫在绘画美学思想中有三个方面，必须注意：一是特别看重传统，也就是重"古意"，二是注重师法自然，三是重视书法笔意。这三点在他的名画中都有很突出的表现。董其昌总结赵孟頫画风时曾如此说："兼右丞北苑二家画法，有唐人之致，去其纤。有北宋之雄，去其犷。故曰师法取舍，亦如画家以有似古人不能变体为书奴也。"杨载这样说："他人画山水、竹石、人马、花鸟，优于此或劣于彼，公（赵孟頫）悉造其微，穷其天趣。"元代的书画家无一不对赵孟頫推崇备至，正如元人夏文彦在《图绘宝鉴》里所称"（赵孟頫）荣际五朝，名满四海"。赵孟頫在元朝文人中最为显赫。绘画史上的"元四家"之一的倪云林视赵孟頫的画为宝，盛赞他说："赵荣禄高情散朗，殆似晋宋间人，故其文章翰墨，如珊瑚玉树，自足照映清时，虽寸缣尺楮，散落人间，莫不以为宝也。"又说"黄翁子久，虽不能梦见房山、鸥波，要亦非近世画手可及"。推崇之高，可见一斑。此外，"元四家"中的黄子久是赵孟頫的学生，王蒙则是赵孟頫的外孙，元画在画史上的高峰地位实际上就是赵孟頫开创的。元代的大鉴赏家柯九思更是声称："国朝名画谁第一，只数吴兴赵翰林。高标雅韵化幽壤，断缣遗楮轻黄金。"可见他的绘画和绘画思想影响之大。元代的画家、评论家一致推崇赵孟頫为元画领袖。元、明、清的绘画家、绘画评论家、收藏家以及绘画史

的记载，几乎都要提到赵孟頫。明代的大文人王世贞在《艺苑卮言》中称："赵松雪孟頫，梅道人吴仲圭，大痴老人黄公望子久，黄鹤山樵王蒙叔明，元四家也。高彦敬（高克恭）、倪云林、方方壶，品之逸者也，盛懋、钱选，其次也。"屠隆在《画笺》中称："若云善画，何以上拟古人，而为后世藏宝？如赵雪松（孟頫）、黄子久、王叔明、吴仲圭之四大家，及钱舜举、倪云林、赵仲穆辈，形神俱妙，绝无邪学，可垂久不灭。此真士气画也。"项元汴的《蕉窗九录》中也有类似的话。董其昌因为对赵孟頫的人品不满，重新排定"元四大家"，但他对赵孟頫的艺术仍然是十分推崇的，他说："胜国时画道独胜于越中，若赵吴兴、黄鹤山樵、吴仲圭、黄子久，其尤卓然者。"《画旨》又说："赵集贤（孟頫）画为元人冠冕。"董其昌更说："湖州一派，真画学所宗也。"因此他又认为"元时画道最盛"，是倪、黄诸人因"由赵文敏提醒品格，眼目皆正"之故。董其昌的门人都认为赵孟頫是画学正宗。王时敏说："赵文敏，当至元、大德间，风流文采，冠冕一时，画更高华闳丽，类其为人。"又说："赵于古画法中，以高华工丽为元画之冠。"王原祁更是这样说："元季赵吴兴发藻丽于浑厚之中，高房山示变化于笔墨之表，以后王蒙、黄公望、倪云林、吴镇阐发其旨，各有言外之意，吴兴、房山之学，方见祖述不虚，董、巨、二米之传，益信渊源有自矣。"

文人们对赵孟頫的书法评价也很不一般。他五岁学书，几无间日，何良俊在《四友斋丛说》中称赞赵孟頫的书法成就"总百家之功，极众体之妙"，终于成为"唐以后集书法之大成者"。赵孟頫在追取古法的过程中，无论学习哪一家，都以"中和"的态度学之、出之、变之。钟繇的质朴沉稳，王羲之的潇洒蕴藉，王献之的恣肆流利，李邕的崛傲欹侧，皆取其醒目之外，而微妙其意，融入自家笔底。"赵体"在形成以后，于驾驭笔法和结字能力上都十分精熟。

元朝末年的顾瑛给赵孟頫的《参同契》写序云："终七千余言，无一滞笔也……如老将用兵，奇正沓出，并皆神妙。"元末卢熊跋《赵魏公二帖》云："本朝赵魏公识趣高远，跨越古人，根柢钟王，而出入晋唐，不为近代习尚所窘束，海内书法为之一变。"这"一变"不仅是元代书坛振兴的标志，其书史意义甚至涵盖了此后五六百年。

赵孟頫传世书迹较多，代表作有《千字文》《洛神赋》《胆巴碑》《归去来兮辞》《兰亭十三跋》《赤壁赋》《道德经》《仇锷墓碑铭》等。著作有《尚书注》《松雪斋文集》十卷等。赵孟頫在音乐方面也很有天赋，他著有《琴原》《乐原》等律吕方面的文献，得律吕不传之妙。其诗文清邃奇逸，读后让人有飘飘出尘之想。天竺有名僧，数万里来中土求赵孟頫的书迹，回国后，其国家把赵孟頫的书迹当做宝贝。史官杨载称孟頫之才很大程度上被他的书画成就所掩盖，称"知其书画者，不知其文章，知其文章者，不知其经济之学"。很多人都认为这话很中肯。"先画后书此一纸，咫尺之间兼二美。"赵孟頫书画诗印四绝，当时就已经名传中外，以至日本、印度人士都以珍藏他的作品为荣，可以说他为当时的中外文化交流也作出了贡献。

赵孟頫是一代书画大家，经历了矛盾复杂而荣华尴尬的一生，他作为南宋遗逸而出来做元朝的官，因此，史书上留下了许多争议，"薄其人遂薄其书"，贬低赵孟頫的书风，根本原因是鄙薄他的为人。尽管很多人因赵孟頫仕元而对其书画艺术提出非难，但是将非艺术因素作为品评书画家艺术水平高低的做法，显然是不公正的。

曾有后人如此赞扬赵孟頫：

元初年，赵子昂，大画家，名声扬；称全才，无不强，山水画，尤擅长。

画花鸟，入帖章，画人马，精神壮；步前代，新风创，作品多，皆精良。

人骑图，意从容，人雍和，韵味浓；疏竹图，书画通，笔苍劲，不同风。

其夫人，管道昇，亦善画，竹兰精；弟子利，同闻名，一家人，聚菁英。

赵孟頫是宋太祖赵匡胤的第十一世孙，秦王赵德芳的后人。他自幼学习书画文章，苦下工夫，加上自己的灵感妙悟，最终各方面都脱颖而出，成为一代宗师，可是在他生活的那个时期，做了元朝的官员，难免会有很多人看不起他的人品，进而诘难他的作品。下面我们只谈论他的书画艺术对后世的影响。

赵孟頫在艺术方面是一个难得的全才，是画坛变革转型时期承前启后的大家。他有以下几方面突出的成就值得注意：

一是他提出"作画贵有古意"的口号，扭转了北宋以来古风渐殁的画坛颓势，使绘画从精工琐细转向质朴自然。二是他提出以"云山为师"的口号，强调了画家的写实基本功与实践技巧，克服"墨戏"的陋习。三是他提出"书画本来同"的口号，以书法入画，使绘画的文人气质更为浓烈，韵味变化更强。四是他提出"不假丹青笔，何以写远愁"的口号，以画寄意，使绘画的内在功能得到深化，涵盖更为广泛。元代的写意画也是从此而发端。五是他在人物、山水、花鸟、马兽等许多画科都有成就，画艺全面，并有创新。六是他的绘画、书法、诗、印之美，相得益彰。七是他在南北统一、蒙古入主中原的政治形势下，吸收南北绘画之长，复兴中原传统画艺，维持并延续了它的发展。八是他能团结包括高克恭、康里子山等人在内的少数民族艺术家，共同繁荣中华文化。

特别应当指出的是，赵孟頫的山水画不但将钩斫和渲淡、丹青和水墨、重墨和重笔、师古和创新，乃至高逸的士大夫气息与散逸的文人气息综合于一体，使"游观山水"向"抒情山水"转化；而且使造境与写意、诗意化与书法化在绘画中得到调和与融洽，为"元季四大家"（黄公望、王蒙、倪瓒、吴镇）那种以诗意化、书法化来抒发隐逸之情的散逸风格的文人画的出现，奠定了坚实的基础。作为一代宗师，不仅他的友人高克恭、李仲宾，妻子管道昇，儿子赵雍受到他的画艺影响，而且弟子唐棣、朱德润、陈琳、王渊，外孙王蒙，乃至元末黄公望、倪瓒等人都在不同程度上继承发扬了赵孟頫的美学观点，使元代文人画久盛不衰，在中国绘画史上写下了绮丽奇特的篇章。他本人的画更被后世称为"神品"，成为中华优秀文化中十分亮丽的一笔。

在绘画理论方面，虽然中国画历代都注重传统，但是都没有像赵孟頫那样强调到如此高度，他的"作画贵有古意，若无古意，虽工无益"的说法，把"古意"提到"本"的地位，他虽然也主张师法自然，但没有重视到"古意"的程度，这对元代和明清两代的影响十分巨大。元代画家的画不是

中国古代绘画大师

师从李、郭，便是师从董、巨。元以后，中国山水画一直在"古意"中寻找出路。明初浙派盛行，从南宋院体中寻找出路。明中期，吴派兴起，又回到董、巨、"元四家"中去，明末董其昌"南北宗论"，仍然是在"古意"中寻找门径，清初的保守复古势力更是向"古意"乞讨。他们更过分发展了赵孟頫的古意说，以致达到了不当的程度。

元代的画家，自赵孟頫之后，无论是"元四家"还是朱德润、曹云西，还是唐棣，或者是一些无名氏的青山绿水，基本上都可以从赵孟頫的山水画中寻找到依据。诚然，"元四家"的水墨山水画在赵孟頫的基础上更进了一步。明清山水画主流基本上都是沿着"元四家"的路走的，这里当然有赵孟頫的影响。一句话，没有赵孟頫就没有"元四家"，也就没有与"元四家"对立的李、郭阵容。元、明、清三代山水画的发展，赵孟頫是第一个关键的人物。

书法在元代也有很长足的发展，这种发展当然与统治者的重视有关。在毛笔作为主流书写工具的时代，书法不仅仅是文人抒发性情的技艺，其作为文字载体的实用功能是统治者尤其是想要坐稳江山的异族统治者所不能忽视的。元世祖虽然不擅长书写，可是他却让太子向名儒学习书法，元初功臣，如宰相耶律楚材（契丹人）和汉人翰林承旨姚枢、国子祭酒许衡、太保刘秉忠等人都擅长书法；此后仁宗、英宗、文宗、顺帝都研习书法，尤其是文宗，其兴趣之浓堪比唐太宗，他于天历二年建立了奎章阁，汇集了当时一批重要的书法家，还任命柯九思为奎章阁鉴书博士，专门鉴定内府所藏的名书名画。这无疑是一个有利于书法发展的大环境，不过，元代书法发展最为突出的因素并不是帝王在一定程度上的倡导与支持，而是赵孟頫以其遒媚秀丽的"复古"书风及其荣际五朝，官居一品，于朝于野一呼百应的影响力所决定的。《元史·赵孟頫传》云："（元仁宗）以赵孟頫比唐李白，宋苏子瞻。又尝称赵孟頫操履纯正，博学多闻，书画绝伦，旁通佛、老之旨，皆人所不及。"

赵孟頫的复古书风是元代书法的主流，追随者多是名公大臣、翰林学士等高层知识分子。但是由于元代特殊的社会结构，使得一大批具有优厚的生活条件并受过良好的儒学教育的知识分子不能出仕为国效力。他们只得隐逸于江湖，

杰出的书画大家赵孟頫

或参禅问道，或寄情书画，用以排遣自己那短暂又漫长的一生。这种超然于政治体制之外的士人群体，历代都不乏其人，也就是所说的隐士，也有叫高士、逸士、处士的。隐士们以高标自许，洁身自好，不承担社会义务，无案牍之劳形，故其诗文书画皆有浓郁的出世色彩，不人云亦云，不墨守成规，以超凡脱俗、淡泊率真的"逸"的境界为旨归。不过元代的隐士是无缘仕途而不得已处江湖之远的，或是当了官之后害怕仕途艰险而退身自保的，加上他们与赵孟頫等出世为官的士人原本社会地位相同，因此大多数江湖隐士与庙堂文人在审美趣味上并无二致。就书法一技而言，隐士们也大都受赵孟頫的书风影响，呈现出一派温文尔雅的古典气质。如"元四家"的黄公望和王蒙，一个是赵的弟子，一个是赵的外孙，此二人都是隐逸之士，但是书法、绘画都受到赵孟頫的深刻影响，他们的艺术主张十分接近。

赵孟頫的名声只是因为他出仕元朝而遭到后人的抑制，但他在中国书画史上的实际影响一直是十分重大的。鉴于赵孟頫在美术与文化史上的成就，1987年，国际天文学会以赵孟頫的名字命名了水星环形山，以纪念他对人类文化史的贡献。散藏在日本、美国等地的赵孟頫书画墨迹，都被人们视为珍品而妥善保存至今。

# 画坛明四家

在明代近三百年间，江浙一带涌现出许多著名的画家，但从影响上看，当推声势浩大的吴门画派，其主将沈周、文征明以自身的艺术修养和人格魅力将明朝绘画引入了全盛时期。而同时代的唐寅、仇英在民间的声名更大，并以雅俗共赏的画风引领明朝的艺术市场。他们以新颖的绘画风貌和杰出成就称誉画坛，故画史有"明四家"之称，又因四人都名扬于吴门，亦被称为"吴门四家"。

# 一、吴门绘画的兴起

## （一）动荡的政局

明代吴门绘画在一定的社会条件下兴起、发展，吴门画家相互之间也存在一定的关联。"吴门"的绘画包容着诸多派别和迥异风格。

"吴门"是一个地域名称，史籍中亦称"吴中""吴郡"，即指苏州地区，包括今江苏省苏州市及其所属地县。苏州地区在夏商时属扬州之域。春秋时吴王阖闾即位后，命伍子胥扩城，升为吴国的都城，即今苏州城的前身，"吴门"名称由此而来，亦可曰"吴城""吴都""吴中"。589 年，隋改吴州为苏州（以苏州城西姑苏山得名）明清时改为苏州府。明代的苏州府统领一州七县。凡在此地域内出生和居住的画家，均可称为"吴门画家""吴郡画家"或"吴中画家"。

1368 年，太祖朱元璋在南京称帝，建立的明朝成为中国封建社会后期经济文化发展的重要阶段。元末，吴门的张士诚自立为吴王，朱元璋对其分庭抗礼的行径，极其恼怒，发兵收复江南失地。为解心中怒气，不但籍没当地富豪的地产，还将他们大批迁徙内地。凡张士诚统治过的地区，籍为官田的土地被课以重额税赋，吴门百姓苦不堪言。

吴门的政治文化更是处在高压之下，著名的文人艺术家陈汝言、赵原、王蒙、徐贲等人先后都凄惨地遭到明王朝的残害。就连到苏州任职的普通官员也极易招致不测。洪武年间（1368—1398 年），苏州郡守在三十一年内，就换任三十四人，其中至少有十五人是因事而被诛、被废或被降职。例如何质、金炯，只因疏清"减重额田"，一个险遭极刑、坐事去职，另一个被"赐死"。连颇孚众望的魏观，也由于在张士诚旧官址上整修府邸，结果被告"兴既灭之基"的

罪名，下诏诛死。明初著名文学家"北郭十子"之一的高启，也因为给魏观撰写了"上梁文"而受到株连，年仅 39 岁就被"腰斩于市"。对民间的艺术活动也严加钳制，甚至下令"但有军官军人学唱的，割了舌头；下棋、打双陆的，断手；

蹴圆的，卸脚"，文艺处于萧瑟零落的低谷。与此同时，吴门举子生员的限额也受到严格控制。明代中期（1465—1572年），商品经济的不断发展腐蚀和动摇着封建地主阶级的思想和统治，造成了统治阶级内部利益的各种纷争。武宗时期，重用宦官刘瑾，朝中大事由"立皇帝"刘瑾专断。为了维护皇室贵族的利益，刘瑾推行残暴的特务政治，诛杀一切稍有不满与反抗的人。对异己，不仅当众羞辱，更有甚者则在朝廷上加以鞭笞，朝中大臣成为武宗和专权宦官随时可以凌辱处死的奴仆。在"朝纲废弛"、政治腐败的局面下，统治者放松了对意识形态的控制，这就为艺术的恢复和发展提供了广阔的空间。

（二）经济的复苏和秀绝的景色

　　由于朱元璋对苏州地区实施苛政，明初的吴门经济急剧跌落，从原来富庶的鱼米之乡转为"道里萧然，生计鲜薄"的萧条之地。直至宣德年间（1426—1435年），才有明显的改观。当时的苏州知府况钟（苏人誉他为"况青天"），在巡抚周忱的支持下，平冤狱、赈灾民、兴利除弊、举荐人才、上书朝廷、田赋粮每年减少七十万石，使苏州的经济逐渐复苏过来。至弘治、正德年间，已有"姑苏熟，天下足"的民谣，社会相对安定，形成了以吴门为中心的太湖流域米粮、蚕丝和棉纱品贸易集散地，并出现与艺术有关的行业，如古书古画的交易，古画的仿制、临摹、修补和装裱，以及木版印刷等。江南科举之风日盛，文人宦游返归故里，携回巨量金钱财货，促成了苏州地区的富庶和繁华。

　　到了万历年间，苏州的工商业更是极度繁荣，成为江南地区的经济中心。被公众推为"天下四聚"之一，所谓"天下四聚，北则京师，南则佛山，东则苏州，西则汉口"。当时苏州可算得上全国最繁华最富裕的大城市。经济的发达和财富的积聚，为文化艺术的振兴提供了有利条件，繁荣的工商业所创造的环境，使人们能自由选择那些适合自己个性发展的生活方式。吴门园林建筑因此也得以格外盛行。到了明朝，吴门的私家花园已多达二百余处。苏州最大的园林拙政园，即建于嘉靖六年至十七年，园主王献臣曾请文征明规划设计，文征明也特地画了《拙政园卅一景图》。私家园林在江南的大量出现，代表了文人山水画普及的趋势。造园家们把中国山水画"咫尺千里"的表现手法，创造性地应用在园林设计上，产生了动人的艺术效果。著名的私家园林还有杜琼的"延绿亭"、刘珏的"小洞庭"、沈周的"有竹居"、文征明的"停云馆"、陈淳的"五湖田舍"等。这些集建筑、园艺、绘画、书法为一体的园林都体现出吴门文人画家们的审美和艺术创意。美丽的景观也强化了他们高雅闲逸的情操。与人文景观交相辉映的是吴门秀美的自然景观。吴门地区自古就是著名的旅游胜地，上有天堂，下有苏杭，千百年来，无数可歌可泣的传说更为它增添了瑰丽的人文色彩。由于苏州城内河道纵横，又被称为水都、水城、水乡，13世纪的《马可·波罗游记》将苏州赞誉为"东方威尼斯"。文征明曾由衷地表达对家乡得天独厚自然环境的赞美："吾吴为东南望郡，而山川之秀，亦唯东南之望。其泽论磅礴之气，钟而为人，形而为文章，为事业，而发之为物产，盖举天下莫之与京。故天下之言人伦、物产、文章、政业者，必首吾吴；而言山川之秀，亦必以吴为胜。"经济繁荣，人杰地灵，这些都是吴门绘画兴盛的必要条件。

## （三）文化的复兴和思想背景

元末，东南苏州、无锡、松江等地是当时文艺昌盛的文化中心。大批画家南迁，许多著名诗人、画家都在这一带活动，如黄公望、吴镇、倪瓒、王蒙、张雨、顾德辉、陶宗仪、陈惟寅等人，他们结社会友、写诗作画、著书立说，形成了浓厚的文化氛围。

明初的苛政和高压对江南的文人画家形成了很严峻的压力。这比起蒙古统治者多元的文化政策，显然不利于艺术风格的自由发展。江南有相当一批文人画家遭到政治迫害，导致了明初画坛的凋零景象。但因当地的郡守都比较重视兴办教育，治学成绩仍很显著。宣德以后，政策的改变使苏州地区出仕的人逐渐增多。到弘治、正德年间，吴门的乡贡、进士人数已明显居全国前列，习文重艺的风气日见浓厚。浓郁的文化氛围为吴门画坛的崛起创造了良好的人文环境。吴门的画家以诗书画自娱并作为生计。富庶的经济生活，及远离京城的政治自由，都为他们提供了良好的艺术创作土壤。元四家等人的画风如同种子一样在苏州文人士大夫中间生根发芽。当时崇尚元代文人画、鄙薄南宋院体画的风气相当浓厚。

吴门的画家大多都是文人和士大夫，因此受儒家礼教思想影响较多，但同时其他的思想也影响着这些文人的人格确立，如沈周受佛教、易学影响较多，文征明倾向道、玄学的研究，而唐寅和仇英则对佛家比较虔诚，当然这些思想不是独立存在的，它们共同左右着这些文人的性情和人格追求。

## （四）画风的演变与艺术市场

明代恢复了被元代废弃的宫廷画院，但明代画院的规模不如宋代的翰林图画院。而且画家没有专业职位，政治待遇低下，画院画风多取工丽一路，山水多取南宋马远、夏圭的画法，兼学北宋名家；花鸟画继承宋代传统，工整细致，忠于客观真实。明初昆山的王履，以"吾师心，心师目，目识华山"的亲身体验，深悟作画必须师法自然，不可一味泥古，并创作了四十幅《华山图》，在明初山水画发展方面起到很大的作用，对以后的浙派和吴门绘画的画风起到一定的影响。明朝的统治者一再推崇和扶持院体画风格，而院画和浙派也确实在相当长的时期内居于宫廷上下的统治地位。但在文人士大夫中间，尤其是在江南地区的文人士大夫中间，仍崇尚北宋和元画，鄙视南宋院体画。如吴宽为陈玉汝题《启南山水大幅》诗云："马家作画才一角，剩水残山气萧索。画苑驰名直至今，输与豪端不浮弱。"将院体、浙派画家，像张路、朱邦、蒋嵩等人的作品看做"行笔粗莽""徒逞狂态，目为邪学""不入雅玩"等。但这些人对于元末就盛行吴门的元四家绘画风格则有亲近感。吴门绘画总体上属于文人画派体系。吴门的画家由于师生、姻亲、文友的关系，彼此十分密切，大多数画家都具有良好的古典文化和艺术修养。他们的作品变元人的疏简放逸为文雅蕴藉，成为文人画发展的一个特殊阶段。

吴门绘画的崛起，是江南地区经济文化生活繁荣的直接产物。明万历前后，各地设作坊，在苏州，以民间画师为主，专门摹制古画，主要绘制乔迁、祝寿一类的主题画，供应各方的求索。在艺术交易的内容中，有字画的买卖、仿制、临摹、修补和装裱，有书籍版画的刻制刊印，有铜、牙、玉、漆、缂丝、文房四宝等各种工艺品的经营，吸引了国内外众多客商前来光顾。这一地区在此后

画坛明四家

数百年中一直成为文人荟萃、书画流通的重镇。大批画师还伪造沈周、文征明等人的画，沈、文等人不但不计较赝品的出现，甚至自己开清单叫他人代画。当然，这些画皆是为了出售，不但供应本地市场，还通过以徽商为主的商人远销各地，画价高涨。市场的大量需求，是吴门画家增多的主要原因，也是吴门绘画形成、发展的重要基础。

经济和文化的繁荣也带来了艺术市场的繁荣，文人画家公开开列润格，出售自己的诗文字画。明四家沈周、文征明、唐寅、仇英也概莫能外。据史料记载，仇英当时卖画价位在"五十金"到"百金"之间，唐寅也是"闲来写幅丹青卖"，就连沈周、文征明等人直至陈继儒、董其昌等大文人，为人写序、写祭文、写祝寿词、写墓志铭之类的文章，也是为了卖钱。在吴门四家中，特别是在唐寅和仇英身上，出现了文人画家职业化和职业画家文人化的特点。艺术家身上有了商人味，对待世事和处理问题也都不乏商人气，明代画家本身更加市民化了。但明画家并非完全市民化，例如沈周对穷人十分关心，虽然卖画赚得很多钱，却家无余财。文征明的画"生平三不答应，宗藩、宦官、外国也"，一脉相承地继承着我国历代正直文人的清高和怜悯之心。

另一方面，明代出现大量收藏家，他们不但藏书，还收藏字画，这也促进了绘画市场的繁荣。经济的繁荣是促进艺术收藏的基础。苏州一带收藏家最为集中，互相间有着许多师徒、世谊、姻娅、眷属等密切关系，形成了明代最大的地域性收藏家群体。像文征明这样的收藏世家在当时也有不少，成为苏南、浙江地区独特的人文景观。宦官在明代也是有权有势的人物，贪婪之心比官僚有过之而无不及，特别是对江南地区的敲诈勒索，更是无孔不入。很多的名家墨迹遁入豪门，也不乏阿谀奉承之徒花重金购买后作为人情。这在客观上也推动了绘画艺术市场的繁荣。

以上因素都在一定程度上促进了绘画艺术市场的繁荣。从某种意义上来说，

正是这些巨商，养活了吴门四家和其他大大小小的文人画家，就好像扬州的盐商养活了扬州八怪等一大批画家一样。毫无疑问，经济是艺术市场繁荣的基础，如果没有雄厚的经济实力，任何个人或团体绝无能力重金收藏众多的艺术品。这些皆是吴门画坛兴盛的原因，也是"明四家"皆出自吴门的原因。

# 二、沈周的生平及艺术成就

## （一）沈周的生平与思想

沈周（1427—1509 年），字启南，号石田、煮石生，晚号白石翁，亦作玉田翁，人称白石先生。宣德二年（1427 年）出生于苏州府长洲县（今江苏省吴县）。自小聪明过人，长于记忆，其知识广博，经史子集、医学卜卦、传奇小说乃至佛教经典、老庄之学无不涉猎，尤以诗文绘画著称于世。其山水、人物、花鸟乃至兽类均有很高成就，影响了文征明、唐寅等吴门一大批画家，明代的绘画由于他的出现而进入了全盛时代。其卓越的艺术成就和贡献，确立了他在中国美术史上的崇高地位。沈周无疑是明清美术史上的关键人物。

沈周出生于富于收藏的书香门第世家。祖父沈澄、父沈恒吉皆以高隐为乐，不求仕途，工诗善画。根基深厚的家学渊源为沈周创造了良好的绘画氛围。少年时沈周便接受家庭亲友前辈的教育熏陶，培养了深厚的文学艺术才能。

正统六年（1441 年），15 岁的沈周代父为粮长，听宣南京。这是有关沈周史料中最早的记载。由于沈周诗文才华横溢，使地方官崔恭大为佩服，称其有唐代王勃之才，免其粮长役。这次入京，使得沈周在文学上初露才华。此时的沈周并未放弃对功名的追求。

正统九年（1444 年），沈周娶陈原嗣的女儿为妻，这一年沈周 18 岁。景泰元年（1450 年）八月，长子云鸿降生，也即于此前后，家庭的重担开始压在沈周的肩上。沈周兄弟三人，沈周为长兄，父亲在沈周 30 岁左右的时候，让其与胞弟沈召分家，自己隐居东林，不理家事。三弟年幼，与沈周住在一起。沈周还有姐妹四人，姐姐嫁给了刘珏的长子，一妹因早寡被沈周接回家中，终身抚养。可以想象，在云鸿尚未长大成人时，沈周不可能过上静恬安逸的生活。而此时的吴门又水灾频发，作为乡官的他还必须为村邻百姓分忧，无暇诗画创作。沈家的田地多为曾祖父时代开垦的低洼地，水灾使以农耕收获为主要收入的沈家难上加难，但是对于注重孝贤礼仪又学养颇深的沈周来说，无论谁家有难处，仍要倾囊相助，并曰："余固不能独饱也。"从中可看出沈周对水乡贫苦百姓生活深深同情的背后，肩负着比家庭生活更重的负担。这段经历似乎坚定了他终生不仕的信念。

成化三年（1467年），沈周在离旧宅不足一里处建造了"有竹居"。对于有竹居的环境，沈周颇为惬意，并赋诗曰："鹤毛鹿迹长交路，荇叶草花亦满川，炙背每临檐日底，曲肱时卧树阴边。一区绿草半区豆，屋上青山屋下泉。如此风光贫亦乐，不嫌幽僻少人烟。"诗中一方面再现有竹居的环境，同时也反映了沈周过隐逸生活时的心态。有竹居的建立，是沈周生活方式的一大转机。吟诗作画的时间比较多，心境也逐渐静适舒朗，就绘画而言开始拓为大幅，如著名的《庐山高图》《崇山修竹图》《仿王渊花鸟图轴》等巨制都约于此前后所作。表面上看，沈周找到了一个安宁的环境，适合自己的生活方式，但那只是一种躲避眼前世俗生活的方式，并未从根本上解决问题，因为沈周的长子云鸿还不到20岁，沈召体弱多病，三弟年幼，父亲沈恒吉此时已不过问家事。沈周在弟卧病期间，每晚都陪弟共宿，且在弟去世后"抚养其子如己出"，完全尽到了兄长的责任。45岁前的沈周生活并不轻松，苦闷的心情不时地流露于诗词画语之中。

约从成化七年（1471年）开始，沈周的生活发生了很大的变化，大儿子云鸿已能承担起繁重的家务，使他能有更多的时间投身于画作。此后的三十年里，是沈周心情最为开朗的阶段，"他日事笔砚，寄谈笑，一不问其家"。在这三十年中，沈周在有竹居中酌酒会友，放情笔墨，或于僧院观花静卧，或参加雅集文会，或作远游，游经之处，绘之于画。充溢着浓郁自然生活气息的诗文、山水花鸟作品大量创制出来。其诗文、绘画水平日趋精进，加之交游日广，遂

"名满天下"。画名日盛，求画者自然络绎不绝，由于求画者众多，沈周只能让弟子门生摹写作品应付。可就是这样，每当出游时，哪怕是住在僧舍，还是有索画的，他的朋友刘邦彦写诗嘲笑道："送纸敲门索画频，僧楼无处避红尘，东归要了南游债，须画今仙百亿身。"由于沈周的宽仁，求他画作的人络绎不绝。而他无论贫贱富贵，都尽量

满足，甚至还为一些卖画为生的贫士在赝作上题款、补笔，以周济其生活。对沈周而言，绘画并不是用来获利的，但绘画却是一种特别的商品，它让画家能在经济文化甚至政治生活中，得到许多金钱买不来的好处。可以这样说，沈周的一生就是通过绘画这一特别的商品，使他圆满地实现了自身的价值。

　　这时的沈周对家中日常生活琐事虽不过问，但对父母仍尊敬有加，克尽孝道；对子女亦十分关心，尽着做父亲的责任。就连亲戚朋友也是有求必应，所以家无余财。相传邻人丢了东西，误认为沈周家的东西是自己的，沈周竟也不争辩，便把东西送过去，直到邻人发现失物时，亦不追究。沈周的身上，有中国士大夫文化的许多美德。他恪守孝道，宽以待人；喜好周济，胸无芥蒂。成化十三年（1477年），在沈周51岁时，父亲沈恒吉去世，他悲痛万分。沈周60周岁那年冬天，老妻病故。在妻子卧病期间，女婿许贞也突然夭折。

　　弘治十五年八月，长子沈云鸿先他而去世。沈云鸿，字维时。与父亲疏阔的性格形成鲜明对比的是沈云鸿的细致周到，但他的名声始终为父亲所掩盖。其实，由于沈云鸿持家勤俭，使得沈周晚年更得以驰骋艺苑，毫无后顾之忧。沈家的收藏在沈云鸿手上有了更大的发展。其为人宽厚善良，"故死之日，亲者哭之，疏者惜之，而远近奔吊者殆千人"。沈云鸿的死给沈周的打击太大了，他似乎感到自己的生活从此失去依傍，使他感到孤立无依。沈周母亲高寿，长期以来一直由沈周侍奉，而孙子、次儿或蠢或痴，沈周对家庭的窘境充满了忧虑，他似乎感到家门即将败落。

　　沈周注重礼仪、谦让平和，为人敦厚，虽隐居不仕，却交友甚广，诗文沉郁苍老，儒家根底深厚。80岁的沈周，依然"碧颐飘须，俨如神仙"，作画如常。正德四年（1509年）病逝，享年83岁，被葬在吴县相城附近，他的学生文征明为他书写了墓志铭。沈周逝世不久，王鏊、唐寅、徐祯卿等人来沈周旧址凭吊，沈家子孙已不见踪影。在吴门被誉为三代豪富的大家族，在沈周死后随之没落。

　　沈周隐逸的人生，基本上属于平静的，没有出现大的波澜起伏，在相城那个狭小低洼的村庄中安闲地度过了一生绝大部分日子。只是早期为家庭拖累，

 画坛明四家

过多受世俗生活影响；晚期又因家庭成员的变故，精神上承受巨大的打击。在某种意义上说，沈周晚年的崇禅，是他失去妻子与爱子后寻求一种精神寄托的表现。晚年崇禅后，养成了他恪尽孝道、处世温和、不逐名利、心胸淡泊廓然、宽人律己、尚无为、乐布施的高尚品格，上至朝中显官，下及乡间百姓，无不交口称誉。在中国绘画史上，如沈周为人者不多。

### (二) 沈周画风的演变及艺术特色

沈周在年幼时，其家庭即开始有意识地对其进行文学与艺术等方面的熏陶和培养。沈周拜陈继之子陈宽为老师，习文学画。后从师杜琼、刘钰、赵同鲁，上宗董源、巨然及"元四家"。从中可以看出，沈周最初接受的是以"元四家"为代表的文人画传统。

陈宽，字孟坚，号醒庵，其父陈继是沈贞吉、沈恒吉的老师，曾官至翰林五经博士领阁事，检修《两朝实录》。陈宽精诗文、擅唐律，在诗才与人品上对沈周有很大影响，以至于沈周为其画了著名的《庐山高图》赞颂其高尚的品格，由此可见陈宽在沈周心目中的地位。正统七八年左右，杜琼开始教沈周摹写古画，这种学习方法是沈周踏进艺术殿堂的主要手段，对沈周艺术风格的确立有很重要的意义。杜琼，字用嘉，号鹿冠道人，世称东原先生，吴（今苏州市）人。山水宗董源，层峦秀拔，兼擅人物。沈周对杜琼十分佩服，杜琼是沈周在画作上唯一一位题称老师的。刘钰自小与沈贞吉、沈恒吉相识，也是陈继的门生。此后由于沈周的姐姐成为刘钰的儿媳，两家人更是亲如一家，刘钰对沈周绘画风格的形成有着不可低估的影响。徐有祯，字元玉，号天全。他是在吴门绘画形成过程中一位至关重要的人物，在明代书坛有一定的地位，很有可能是继陈宽而后对沈周影响最大的老师。他的侄女嫁与沈周之子云鸿，其长女嫁祝允明，在当地的诗文界和书画界极具影响力。在沈周绘画作品中均可见到他的

身影，如《名贤雅集图》《高贤雅集图》等。

沈周一生都在习摹古人的作品，几乎是从未间断，前人的笔墨画风自始自终影响和充实着他的绘画面貌，

但他只是通过临摹提高自己抒写自然的手段，
从他的作品中可以更多地领略到大自然的清新
气息和绘者的强烈情感。沈周崇尚古法，广览
博学，无门户之见。就其有关著录所载，其所
临习的作品，上迄五代，下至沈周身边的友人，
师习对象近五十多位，各种景观、各种风格、

各种笔法用墨，均在沈周腕下混流。在中国山水画史上，沈周或许是临习对象
最广的一位画家。沈周的艺术师承王蒙、黄公望，所临摹的都是真迹，如黄公
望的《富春山居图》就为沈周家藏。沈周的曾祖父是王蒙的好友，其师杜琼在
继承元四家的过程中，偏重于王蒙一路。因此早年学王蒙，显然是受杜琼的指
授。王蒙的画风对沈周起了先入为主的作用。王蒙那种严谨认真的作画态度、
苍茫厚实的画风，无疑在沈周早期的习画阶段十分重要的作用。虽然沈周临习
王蒙的画作不多，但王蒙对沈周的影响极为深刻，可以认为，沈周学习王蒙，
为其在通往艺术大师的道路上奠定了基础。沈周的"细沈"画风即来源于此，
他的两件里程碑式的作品《庐山高图》与《崇山修竹图》也是在王蒙画风的影
响下绘制出来的。

　　沈周一生的主要成就在水墨山水画方面，其山水画的艺术特色可以按年龄
分为三个阶段。40岁以前多学董源、巨然，同时对南北两宋绘画也有兴趣。但
不论他仿元还是学宋，主要是学习他们的绘画技法，如构图、山石树木勾勒以
及烟云的皴染等笔墨法。这个时期作品的特点是：结构严谨、风格细密，但多
为小幅。沈周早年留下的作品甚少。现藏于江苏省无锡市博物馆的《支硎山
图》，是沈周现存作品中最早的一幅山水画，纸本设色，画上有沈周款。沈周
38岁所作的《幽居图》是继《支硎山图》卷后又一幅早期的重要作品。

　　沈周第二阶段的艺术特点是：画法由精工细密转为粗简雄浑，景致由繁到
简，尺幅由小变大。40岁以后沈周则主要学习元四家，早期以王蒙为其学习对
象，用笔用墨勾染皴擦写实性较强，画风甜润，刻画细腻，这就是沈周"细沈"
的画风。后又倾心于黄公望，中锋、侧笔并用，长勾、短斫兼施，刚柔相济。
但在构图上多仿董、巨，厚实与力度不如王蒙。在广泛学习宋元诸家的基础上，
集各家之长融会笔端，画法逐渐由细变粗，这时基本上形成自己独特的艺术形
式，即画史所称的"粗沈"风格。

画坛明四家

成化三年(1467年)沈周所作的《庐山高图》，则直接呈现了王蒙的画貌。这一纸本浅设色的大幅立轴，高193.8厘米，横98.1厘米，是他41岁时为老师陈宽祝寿而作的精品。这期间沈周画风已臻于成熟，这幅作品即是其绘画成熟的标志。陈宽是元末著名诗画家陈汝言的孙子，与沈家为世交。因陈宽祖籍江西，所以沈周取庐山为题，表示对老师的崇敬之意。这幅作品属于"细沈"一类，其画风明显区别于后来泛泛应酬的"粗沈"之作。其章法布白与王蒙的大幅山水类似，繁密严谨。山石主要用短披麻皴，略见牛毛皴，浓墨点苔，干湿互用，层次关系更加分明。山峦没有沉重险绝之感，而是增添了几分温雅柔丽，这是沈周个人的特色。而沈周选择王蒙的风格来描绘这一主题，也是非常适宜的，因为它清楚地呈现了艺术师承的脉络。沈周不落俗套，用独特的形式表达祝寿的目的。在后来沈周的创作中，像这么精心制作的绘画就比较鲜见了。一方面是他画学已有成就，在粗笔的发挥中，自然包含了绵密的笔致；另一方面是求画者太多，应接不暇，所以渐画大幅，草草而成。沈周的粗笔，并不是他个性豪放，而是因为他个性随和所致。所以，他能够在粗笔中得到沉郁苍茫的神韵，成为吴门画派中最杰出的人物。

沈周晚期的艺术特点则更倾向于吴镇、倪瓒，更多地追求吴、倪山水的神韵、简淡、超逸、水墨变化。沈周在58岁时自称"白石翁"，并在画上开始钤此印。所以在此后20多年可称为晚期，是其艺术老成时期。他仿倪瓒的作品最多，最好其笔法。但墨法上尤醉心吴镇，在笔法中吸取其淋漓多变的墨法，用笔更为粗简，下笔很重，时出侧锋，笔法坚实豪放，遒劲中见浑厚。无论高山大川，还是平远小景，均具有雄伟壮阔的气势。沈周的代表作品现在很多收藏在中国各大博物馆，北京故宫博物院收藏的重要作品有：《仿董巨山水图》轴、《沧州趣图》卷、《辛夷图》《墨菜图》《卧游图》等。中国南京博物院

也收藏了几幅沈周的精品，如《东庄图》《牡丹》轴等。辽宁博物馆藏有两幅沈周的杰作，一幅是《盆菊幽赏图》卷，另一幅是《烟江叠嶂图》卷，它们是沈周82岁的杰作。

成化七年二月，沈周兄弟与刘珏、史鉴一起游临安，至灵隐山，夜宿飞来峰僧房，画了《灵隐山图卷》，这是迄今所知沈周第一件山水画长

卷作品，也是第一次以长卷形式展示其所游历的实景。而后所作的《吴文定公送行图卷》也是一件山水画长卷，更是沈周山水画长卷中的精品。吴文定公即沈周挚友吴宽，字原博，比沈周小八岁，吴宽是沈周一生中最亲密的朋友。《吴文定公送行图卷》出自对朋友的真挚情感，创作态度极为认真，沈周十日画一山，五日画一水，皴擦数遍，渲染再三，刻画精细周详。

　　《东庄图册》是画家沈周的传世名作。此画描绘其友吴宽家的庭园景色。吴宽官至礼部尚书，多有诗文，东庄是吴宽的庄园，也是江南名士经常聚会、吟诗、品茗的地方。此画以小见大，以温润的情趣、柔和的笔触、清新的气氛和空灵的形式，勾画出江南园林的自然谐趣。这与他《庐山高图》的意趣是迥然有异的。

　　长期以来，人们对沈周的山水画成就赞誉较多，而对其花鸟画论述则甚少，其实他对花鸟画发展所做出的贡献，并不在山水画之下。沈周的花鸟画吸取了徐熙及两宋以来的水墨花鸟画经验，并广采博取，终于改变了百年来花鸟画坛一直为皇家院体画风所统治的面貌，使写意花鸟的发展出现了新的发展，并形成了以水墨写意为主流的花鸟画风尚。明前期林良的水墨写意花鸟，到沈周等人手中得到继续发展。沈周曾专门借鉴南宋末禅僧画家牧溪的水墨杂画卷，也运用水墨技法描绘各种对象，信笔点染，情真意足。如他画的白菜、蟹、虾、鸡、猫，甚至驴等等。沈周的花鸟画也多水墨写意，融合了南宋及元代诸家之长，自成一家，成为吴门画派的内容之一。现在所能见到的沈周最早的花鸟画作品是其仿元代花鸟画大师王渊的《黄菊丹桂图轴》，此画作于成化四年（1468年），纸本淡墨，是一幅高228厘米，宽106厘米的大幅杰作，比山水画巨作《庐山高图》还要大。沈周除了山水、花鸟外，也点染人物，曾经画过苏州太守府中的壁画。所以他的好友吴宽说："近时画家可以及此者，唯钱塘戴文进一人。然文进之能止于画耳！若夫吮墨之余，缀以短句，随物赋形，各极其趣，则石翁当独步于今日也。"这就是吴门画派在明中期以后开始在画坛上取代浙派的基本缘由。

　　沈周在书法、诗文上亦很有成就。其书法，早期受赵孟頫书体影响较大，

画坛明四家

结体上力追钟繇，亦师习黄庭坚，由于家藏黄氏书体较多，最终黄氏书风逐渐成为其书风的主流。沈周亦学王羲之、王献之，以及唐宋诸家，书法很有特色，他对"吴门书风"的形成起到了推动作用。沈周的足迹只限于东南一带，然而他的诗画却流传甚广，毫无疑问，沈周的创作是中国文人画发展极其重要的一个环节，他的题画诗创作对诗与画的融合起了显著的促进作用。沈周所作诗文，集中表现在民情、景物及题画三个方面，其中不乏带泪笔调诉说百姓痛苦生活的诗篇，他自己的心情常是"对眼不忍见，哀肠唯火煎"。他在世时就有成化、弘治、正德三种诗刻本，去世后有万历诗刻本。后有《客座新闻》《石田诗选》等传世。

　　吴门画派的领头人沈周，以其精湛的绘画艺术及宽人律己的风度，对画坛产生了深远的影响。他的学生文征明继承了恩师衣钵。唐寅受益于他，董其昌亦是吴门画派最大的受益者。后继者基本上沿着沈周领导的吴派方向发展，沈周作为吴门画派的开创者，对中国绘画的贡献是巨大的，其在艺术上的种种探索，给后人留下了珍贵的经验，正是沈周的出现，吴门才得以出现画史上极为重要的吴门画派，才能使吴门诞生如此众多的著名画家。其余风也一直影响到现代画坛。

# 三、文征明的生平及艺术创作

## （一）文征明的生平与个性

文征明（1470—1559 年），生于明宪宗成化六年，初名璧，字征明，后以字行，因排行老二，又更字征仲，由于先祖曾居衡山，故以衡山为号，长洲人。《明史·本传》记述他为文天祥的后裔。王世贞所作的《文先生传》中，文征明的先辈文俊卿曾在元朝做过武昌的都元帅，后因其曾祖父文慧招赘到苏州，才成为苏州人。文征明的父亲文林，先在永嘉做了一名知县，后升任温州太守，所以文征明 3 岁就随家去了温州。据记载，文征明 7 岁左右时反应迟缓，说话仍不清楚，11 岁才能讲话，而比他大一点的哥哥文奎则口齿伶俐、活泼好动，大家都认为文奎将来必定成才，而对征明不抱任何希望。只有他的父亲不以为然，很看重他，认为其是大器晚成之人。实际上文征明禀性聪慧，只是某种先天生理上的语言障碍所致，并非弱智的表现。果不其然，在文征明 13 岁时，开始显露他的天才气质——即拥有超强的记忆力，而且他酷爱古文，每日背诵古文数千言不止。

少年时期，父亲在南京等地做官，文征明相随。16 岁前后，文征明返回苏州居住。之后因比较喜欢研读《左传》《史记》、汉赋等古文，常和好友都穆、祝允明、唐寅等人一起讨论古文中的疑义，终日不休。19 岁时，文征明第一次参加苏州的岁试，因书法不佳，列在三等。于是他发愤苦学、刻意临摹，决意在仕途上有番作为。据《明史》载：文征明"学文于吴宽，学书于李应祯，学画于沈周"。为了提高自己的书法水平，文征明拜南京太仆寺少卿李应祯为师。李应祯是文征明父亲的好友，还是一名主张独创的书法家，他将自己的心得和笔法都传授给文征明，并告诫学书的大忌是"聪达者病于新巧"和"笃古者泥于规模"，书法切不可死随古人的脚步，这种学术思想对文征明的艺术发展影响很大。文征明遵循父命从师于吴宽，学习作古文的方法，吴宽非常喜欢征明，常在众人面前夸奖弟子的才华。同年，文征明正式拜沈周为师，学习绘画。沈周对他也很器重，并赠诗给文征明道："老夫开眼见荆关，意匠经营惨淡间。未用荆关论画法，先生胸次有江山。"给予文征明极高的评价。青年时代，文征明努力作诗文，每日临习《千字文》，以十本为率，书遂大进。23岁时，他娶昆山吴愈第三女为妻，其妻出身名门，又善治家，使文征明得以不问俗务，优游翰墨，学业大进，名声大振。28岁时，又与被列为"前七子"之一的徐祯卿相识，加上唐寅、祝允明，被号为"吴门四才子"。在四才子中，又以文征明最为正派，没有其他人放纵、饮酒甚至狎妓之类的作风，而被众人称戴。不过四人中，唐寅得过解元，祝允明、徐祯卿也连起科举，唯独文征明九赴乡试，九尝败果。

文征明在弘治、正德年间，已是闻名吴门的青年文艺家，但他的志向并不仅仅在于文艺，他希望求取功名、在政治上功成名就。这是由于文家自其祖父文洪以来"始以文显"，文征明的父亲文林和叔父文森也都是关心国事、颇有政治抱负的人物，所以文征明才会更有一种在政治上有所作为的愿望。从现存诗文看，他一生都关心国事，这在他为明中叶不少名臣、大小官吏所写的墓志铭、行状、传记中表现得最为明显。其子文嘉在《先君行略》中亦说其父"尤精于律例及国朝典故"。文征明虽然"有志当世"，又有文才，但他在科举考试中却很不顺利，屡试屡败。从弘治八年（1495年）到嘉靖元年（1522年），文征明从一个意气风发的少年考成了一位两鬓斑白的老者。原因之一是由于吴门的人才很多，但名额却很少且又受政府限制，更重要的原因是文征明从青年时就致力于作"古文"，而鄙视、厌恶作"程文"，也就是考试用的八股文，并且不愿意改变他的追求。"习古文，弃程文"的做法表现出他有进步的思想倾向，对文章思想艺术价值的追求高于对功名的追求。

正德四年，八月二日，文征明40岁，沈石田卒，文征明为老师作《哭石田先生》二首。

嘉靖二年，文征明54岁。为显示朝廷德政，苏州巡抚李充嗣将声望极高的文征明举荐入朝。文征明以一种不卑不亢的态度接受了这一举荐，无阿谀奉承、感激涕零之词，体现出文征明确实是一个有自尊、很正派的儒者。此年四月十九日至京，经吏部考试后，很快被授为翰林院待诏，并参与《武宗实录》的编撰。同年十二月二日，唐寅卒，享年 54 岁。在翰林院期间，文征明虽位列九品，却受到杨慎、黄佐、陈沂、马汝骥等人的敬佩，尤其是大司寇林俊更是看重文征明。眼看在仕途上有所作为，却赶上正德末、嘉靖初明朝宫廷内部的一场重大斗争，即围绕解决朱厚熜继承皇位合法性的"大礼之争"。文征明到京的第一年，曾关心他仕途发展的马理就被廷杖，加之自己又不是进士出身，因而经常受到排挤，尤其当他目睹了"大礼之争"，看到杖打朝廷大臣致死的惨状，更是深感仕途的险恶。因伤病躲过卷入此事的他于是三次上书乞归，决心退仕返乡，终获批准，得归苏州。到家后作《还家志喜》一首，在房舍的东边建起了"玉磐山房"。终于摆脱了仕途困扰的他，心情恢复平静。在虽不很富裕却很悠闲的生活中，文征明勤奋而认真地致力于书画诗文的创作，心无旁骛，至老不息。由于其出众的人品和画坛上的威望，从学者甚多。文征明以广博的学识和丰厚的人格修养让学子们广受教益，许多人因得其真传而成就斐然。文征明在闲暇时，谈艺文，游山水，与知己畅怀旧事，比之青年、中年多了几分豪情之气。但文征明并没有完全沉入到禅、道的静修思想中，仍是一个关心世事的儒者。

画坛明四家

　　嘉靖五年，比他大 10 岁的祝允明去世，岳父吴愈卒，这一年文征明 57 岁。好友前辈的离世，使其开始主持吴门风雅 30 余年，影响甚大。80 岁时，郡县守令和士大夫们特意为他作了一次寿，许多人写了诗文祝贺。89 岁时，文征明仍能做"蝇头细楷，笔法娟秀可爱"。文征明 90 岁那一年，即嘉靖三十八年（1559 年），他在为御史严杰的母亲写墓志时，执笔而逝。这和法国印象派大师雷诺阿临死前还在作画很有些类似，但雷诺阿只活了 68 岁，身体状况也远不及文征明好。虽经历了仕途上的种种苦难，但"仁"与"寿"是文征明在个人生活上所追求的理想。

　　孟子曰："仁则荣，不仁则辱。"文征明面对社会现实的种种矛盾，只能通过儒家的境界使自己得到解脱，努力效法古圣先贤，以求人格上的自我完善和肯定。他认为"须知物尽风有歇，唯有德在人难忘"。由于受到道家"重生"

"养生"的思想影响，文征明不仅求"仁"，而且也很重视求"寿"。《论语·雍也》说："智者乐水，仁者乐山。知者动，仁者静。知者乐，仁者寿。"行"仁"而又重视养生，以得令名，以获高寿，是文征明实现理想的根本。他曾说"平生仁寿存真性，千载烟霞有宿缘"。事实也是公平的，文征明不但在艺术上名扬四海，同时又享九十高寿，比起大多数身边人，可谓是福大之人。

### （二）文征明的艺术和成就

文征明诗、书、画兼能，但成就和影响最大的首推其绘画。

文征明师承沈周，其笔法多来源于沈周，尤其喜爱沈周早年的细笔画风。他重视和偏爱"精工""秀润"，推崇"精致""细润"，认为"画法秀润，自有一种士气"，甚至提出其友唐寅之作超过老师沈周的看法，认为唐寅的画"当为本朝丹青第一"。除了沈周，对他的绘画艺术影响最深的是元代画家，尤其是赵孟頫的艺术。他的小青绿山水、室宇人物和墨笔古木竹石，明显从赵孟頫画法变化发展而来，萧疏幽淡的情调，层层叠叠而不重纵深关系的布局，山顶平台，浓密的叶苔小点，棱角清楚的矾头等具有特色的画法，与黄公望、王蒙、倪瓒的绘画有着一定的继承关系。文征明的绘画创作以山水为主，作品形式有粗与细两种基本类型，也可称为"粗文"与"细文"，细文的作品较多，其中又有着色与不着色之分，题材内容大体可分为临仿前人或描绘具体环境景物等。文征明早年以工细为主，中年以后粗细兼能，愈晚愈工，苍劲与秀润兼具。其作品的艺术特点是：景致平和恬静，很少奇异之势；布局层叠而上，纵深空间不大；笔墨清秀含蓄，不做刻意雕琢；注重抒情味和书卷气，较少有豪迈气势的展现。

最能代表这一特色的作品莫过于其创作的《仿米氏云山图》卷，米氏云山本为一种即兴创作，粗墨落笔，简略概括，是对宋代山水的反向探索，但这种画法到了文征明的画中，则更显儒家风范，山势结构复杂多变，严谨而有法度，层次渲染丰富，运笔张弛有度，温文尔雅。此画用了三年时间才完成，但看起来犹如一气呵成，可

中国古代绘画大师

以想象作者的心境是如何的平静。而完成于1532年冬的《关山积雪图》卷，前后历时五年始毕，亦是文氏大型重要作品之一。

以《古木寒泉图》《溪桥策杖图》《寒原宿莽图》等作品为代表的粗笔水墨山水显示文征明绘画的另一种风格。《古木寒泉图》是文征明80岁时的作品，窄长的立幅画中矗立的松柏，映衬着后面山涧直泻而下的飞瀑，在下方汇成流泉，意境清幽，气势雄放而不失雅静，属于不多见的"粗文"一体。对比常见的文征明细笔山水，此图给人以面目一新之感。文征明一生以"古木寒泉"为题材的作品甚多，这与文征明历来推崇刚正不阿的崇高人格和思想有关。

在他所表现的题材中，除了临古和一般性的对自然景物的描绘外，他最常表现的还有元代形成的书斋山水和明代流行的纪游山水。这些作品的现实成分很清楚，运用"夺造化""师自然"的艺术手法，将吴门的山水之美呈现于纸绢上。像他作的《惠山茶会图卷》《江南春图》轴、《东园图卷》《真赏斋图》《石湖清胜图》《浒溪草堂图》《石湖图》《兰亭修禊图》《天平纪游图》《洞庭西山图》《金陵十景图》等，都是非常受人称道的佳作，因为画面上倾注了画家对所画对象的感情。

文征明一生很少饮酒，但特好品茶，尤好用惠山之泉所泡的茶。作于早期的《惠山茶会图卷》就是描绘文人雅士取惠山之泉的情景。整幅作品充满了沉静清寂的气氛。《江南春图》轴为画家78岁所作，是一件极成功的作品。在艺术上已达到高度成熟。画面近景为数株清瘦乔木，刚刚吐出新芽，中景洲头已是桃红柳绿，淡淡远山，辽阔平静的湖面，表现出江南水乡春色明媚秀美的风光。画风中带有黄子久浅绛山水的风味，并采用宋人以及赵孟頫的工细画法，构图平稳，造型疏秀，用笔设色轻淡柔和，显示出文征明绘画艺术特有的风格和情调。画的是江南春景，更展现人的感情，表现的自然景色便是当时江南文人士大夫的生活环境。从这类作品可以看出，文征明之所以辞去在京师编修《武宗实录》的工作，情愿在故里闲居，是深深意识到自己对明代中期以后宦官当权腐败政治的无能为力，不如在字画之中寻找一方净土，作为精神的寄托。而且在苏州这个人文荟萃之地，他能享受到真正的文化特权。这也是他的作品

画坛明四家

大都纤美精致的原因。

《东园图卷》属于晋唐风味的代表，是文征明 61 岁时为南京徐泰时所作。此作所画景象与史载甚为相似，具有纪实性。全幅画师法赵孟頫而力追晋唐，经营位置巧妙自然，敷色清丽明洁，描绘的整个庭院充满了浓郁的生机，所绘人物平和而淳朴，使人感受到一种超现实的玄意。《石湖清胜图》和《石湖图》同为描绘石湖的画作，与《江南春图》轴相比更具写实性。石湖是苏州附近的风景名胜，也是文征明极喜爱去的地方，文征明在京做官时最怀念的吴门胜景也是石湖。而《浒溪草堂图》作于文征明 66 岁时，描写的则不是常见的吴门胜景，只是普通的家乡风光，这表明画家对家乡山水之美的爱恋，已成为文征明进行山水画创作的重要动力。

文征明的人物画颇具特色，《湘君湘夫人图》是其人物画中的代表作。画家游丝般的线描高简流畅，人物用朱色傅染，设色高贵，与顾恺之的《女史箴图》极为相似，流露出真挚细腻的感情色彩，显示作者儒家的端庄、贞静的意味，不愧是中国人物画的一幅杰作；文征明亦擅长花卉，尤以兰竹为主，"以风意画兰，以雨意画竹"，且以水墨见长，所作墨兰潇洒飘逸，世人名之曰"文兰"。兰与竹，在文人士大夫中，历来有"君子""挚友""高洁"的美称。在古代画家中常有"怒写竹，喜写兰"之说，而文征明的兰竹，则体现了文人的雅趣，极具书卷气。其花鸟画的作品有《兰竹图》《秋花图》《霜柯竹石图》等。

文征明少年时拙于书法。后刻意临学，始宗宋元，既悟笔意，又专法晋唐，终于以"书名雄天下"，成为吴门书派的领袖。他楷、行、草、隶、篆诸体皆精，尤以小楷、行书成就最高。小楷远宗《黄庭》《乐毅》，近师欧阳询，结体紧密，法度严谨，有自家面貌。行书以《圣教序》为宗，力追二王，并参以宋

元诸家笔意，成温润遒劲之体格，与祝允明齐名，并称"文祝"。他们不仅扭转了"台阁体"光润妩媚的书风，而且开创了王世贞所说"天下书法归吾吴"的局面，成为书法史上的关键性人物。由于这样的书法成就，文征明将书法与绘画很好地结合到一起，人称"书画合璧"，这里的"书"主要指画心上的题诗或题字，由于作品中

中国古代绘画大师

有的题写内容所占比例较大，因此造成一种独特的艺术效果，这在其他画家的画中是很少见的，是文征明在绘画领域的新发展。

文征明在吴门画派中的盟主地位，也和他一家的文艺才能有关。这种家族传统的力量和声势都是巨大的，我们从元代初期赵孟頫一家的影响已经看到很好的先例。他的子侄辈中继承书画诗文祖业的，有文彭、文嘉、文伯仁、文震亨、文从简、文俶等一大批名人，而且每个人都在某一方面有所专长，荣耀门庭。其中像文彭开创文人治印的风气。而文震亨对文人生活有透彻的了解，他编写的《长物志》这部重要的百科全书式的著作，代表了吴门文化的精粹。文俶则是以女性身份从事艺术创作，带动了明末一批才女对书画的兴趣。在明代吴门的文化气氛中出现文俶和其他一些女画家，说明了社会风气正在变得更加自由。

文征明的作品既真实又不失艺术之美，在艺术创作上又很重视人品的修养。他作画勤奋，通过各类古籍可查他作品的数量多达一千五百余幅，晚年的画名甚至超过了沈周。所以说，文征明成为吴门画派的领袖人物实在是当之无愧。

画坛明四家

131

## 四、唐寅的生平及书画艺术

### （一）唐寅风云变幻的一生

唐寅（1470—1523年）生于明成化六年庚寅年寅月寅日，所以起名唐寅，卒于嘉靖二年癸未。唐寅字子畏，号伯虎，别号六如居士、桃花庵主、鲁国唐生、逃禅仙吏等，有"江南第一风流才子"之美称。唐寅的祖籍在晋昌（山西晋城一带）。唐寅家世显赫，为表明自己的原籍和显赫身世，唐寅因此常常在画上题"晋昌唐寅"。唐寅一家自曾祖到父亲，三代单传，没有兄弟。唐寅有一妹一弟。弟弟名申，字子重，比唐寅小七岁。其父唐广德在皋桥开设酒肆，他对唐寅抱有很高的期望。唐寅勤奋好学，5岁时就能书一尺见方的大字，9岁便能作诗文，被称为"神童"。10岁已博览群书，文章瑰丽，才智非凡。虽也顽皮，但其父还是欣慰地叹道："此儿必成名。"唐寅16岁时参加秀才考试，获"童髫中科第一"，这在几代经商的唐氏家族中是非常光荣的事情，唐寅成了全城读书人赞誉的中心人物，其父更是无比自豪。不过人无完人，唐寅的另一面也逐渐暴露出来。唐寅自幼天资聪敏，可性情却旷远不羁，常常随性行事，不囿于封建道德规范，目空一切。

唐寅19岁时娶了徐延瑞的次女，后生一子。唐氏一家虽不很富有，但也过着其乐融融的日子。可到了唐寅25岁时，唐家却发生了大的变故。弘治七年（1494年），唐寅的父亲、妻儿相继生病，不久父亲、妻儿、母亲先后去世，唐寅在悲痛中办完了亲人的丧事。可是唐寅第二年又接到另一个不幸的消息，新婚不久的妹妹在婆家自杀了。这简直是常人无法接受的现实，好端端的七口之家几乎在一年内只剩下兄弟二人。精神上受到极大刺激的唐寅，26岁时便愁出了白发，终日消沉，与朋友借酒消愁。

在明代，科举是文人做官的唯一途径。在好友祝允明相劝下，唐寅终于又埋头读书，重振精神，以不辜负父亲的期望。明代的八股考试，乡试第一

中国古代绘画大师

名称为解元，秀才在乡试之前必须经过提学考，如未录取，不得参加考试。而自认清高的唐寅就因考官的个人喜好未通过这次提学考，这使一向自诩才能很高的唐寅非常沮丧，幸亏在朋友的帮助下，唐寅才得以录取到榜末。这次考试的经历，使唐寅认识到，要在仕途上一帆风顺，绝不能意气用事。经过一年的苦心学习，功夫不负有心人，唐寅的学业大进，并在明弘治十一年（1498年）赴南京乡试中，一举取得第一名解元的佳绩。正如他的好友祝

允明所认为的，唐寅是他们朋友中才华最高的一位，只要利用好时间，肯定会有前途，夺取功名的希望也最大。同年，其友文征明却落第。

　　乡试的成功使唐寅的信心倍增，心中甚是宽慰。可事事难料，唐寅不甘寂寞，放弃了静心读书，与同来京城考试的江阴富人徐经混到了一起。受其影响，本是豪放不拘小节的唐寅与其整天奔走于豪门显贵家中，这受到很多应试举人的嫉妒。在朝廷的大臣中也引起了种种非议，特别是他们与这一年主考官程敏政、李东阳的私下交往过甚引起了别人的猜测。为以后的科考埋下了祸根。弘治十二年（1499年），程敏政被人诬告受贿舞弊。唐寅、徐经受牵连入狱，后经查明真相后，唐寅才得以释放，而可怜的程敏政出狱第四天，就因害痈毒不治而死。这突如其来的"科场行贿案"对唐寅的打击极大，美好的前程转瞬即逝，唐寅无法接受这个巨大的反差，最终他只得选择绝意仕途。

　　唐寅因涉嫌程敏政受贿案被贬到浙江为小吏，虽然此时的唐寅生活极其困苦，但他认为"士可杀不可辱"，成为官场牺牲品的唐寅坚决不去赴任，只想早日回乡。回到苏州后，唐寅并没有得到解脱，得到的却是续弦妻子、周围人，甚至是家中的仆人、丫环的冷嘲热讽。就如戏剧一样，失败的唐寅饱尝了封建社会的世态炎凉。幸好在老朋友的鼓励下，唐寅并未被击倒，而是决定重整旗鼓，开始人生中最重要的一次远行。这次的"千里壮游"，足迹遍及江、浙、皖、湘、鄂、闽、赣七省。他坐船最先到镇江，绕过令其伤心的金陵南京，去了扬州，游瘦西湖、芜湖，登庐山、衡山，来到福建仙游县的九鲤湖。据说夜宿九仙祠的唐寅，得到九鲤仙"梦神惠之墨万个"的暗示，为了纪念此事，他还专门修建了一间"梦墨亭"。游玩九鲤湖后，唐寅往回走，观南北雁荡山、天

画坛明四家

133

台山、普陀山，之后赏西湖再沿富春江上溯，登上著名的黄山和佛教圣地九华山，直到用尽口袋里的钱，才返回故里苏州。本已疲惫的唐寅到家看到的却是一片凄惨的景象，续弦的妻子已将家中的东西卖光，并与唐寅反目，一走了之，此时，弟弟又与他分伙另过，这一系列大的变故将唐寅气得大病一场。仕途的不顺，加上家庭的巨大变故使唐寅十分消沉颓废，纵酒浇愁，傲世不羁。但这次游历名山大川使他胸中有了真正的千山万壑，让他的诗文字画多了许多雄浑的气魄。唐寅的艺术成就，与他的游历和师自然是分不开的。

大病后的唐寅，没有将书画放在首位，而是开始对天文、历法、数学、音乐以及算命、卜卦、看风水这一类玄学的研究。这段日子过后，唐寅的情绪逐渐稳定下来，为了生计，他开始了卖画生涯。唐寅绘画拜师于周臣，同时也向沈周学习，他将两家之长集于一身，在南宋画风中融入元人的笔意，画艺一时突飞猛进，以至超越老师周臣，名声大振。于是向他索画的人一天多过一天。有时唐寅忙不过来时，还会请老师周臣代笔。卖画之后的唐寅生活渐渐富裕了，娶沈九娘为第三任妻子。其父唐广德留与他的商铺此时变成了卖画的地方，屋后吴趋里的家则成了他读书做学问的地方。作为藏书家的唐寅在这段时间自刻了一枚"江南第一风流才子"的印章，流露出对复杂官场的鄙薄和对封建礼教的嘲弄，并写诗说道："不炼金丹不坐禅，不为商贾不耕田。闲来写幅丹青卖，不使人间造孽钱。"唐寅此时已对仕途不抱有任何幻想，淡泊功名利禄，专心从事自由自在的读书作画生活，只想过隐居的生活。明正德四年（1509年），唐寅36岁时，他看中苏州城北的桃花坞。桃花坞乃宋朝章庄简的住所，早被废弃，不过这里的景色却是清幽逸静的。一年后，唐寅用卖画所得的钱在这里建了几间茅屋，取名"桃花庵"，自号"桃花庵主"。虽只是几间茅草房，但檐下却悬挂着雅致的室名"学圃堂""梦墨亭""竹溪亭""蛱蝶斋"等（亦称唐

家园，遗址在今苏州桃花坞大街）。屋子周围布置得很幽雅，遍植大量桃花和梅、兰、竹、菊等草木。唐寅经常邀请好友祝允明、文征明、沈周、黄云等人来这清香迷人的地方饮酒作诗。唐寅沉浸在这种超脱、悠闲的轻狂生活，写下了著名的《桃花庵歌》："桃花坞里桃花庵，桃花庵里桃花仙；桃花仙人种桃树，又摘桃花换酒钱。酒醒只

在花前坐，酒醉还来花下眠；半醒半醉日复日，花落花开年复年。但愿老死花酒间，不愿鞠躬车马前；车尘马足贵者趣，酒盏花枝贫者缘。若将富贵比贫贱，一在平地一在天；若将贫贱比车马，他得驱驰我得闲。别人笑我太疯癫，我笑他人看不穿；不见五陵豪杰墓，无花无酒锄作田。"他一生酷爱桃花，写下桃花诗一百余首，每当在花前

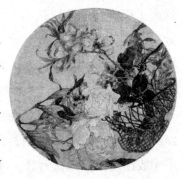

饮酒时，狂怪的桃花仙人唐寅就会为落花赋诗，甚至在花下恸哭，据说曹雪芹的"黛玉葬花"就是从这些诗中得到的启发。唐寅的后半生主要生活在桃花坞，一生中的主要艺术作品也产生于此。

唐寅擅画山水、人物，他的仕女画造型严谨，笔法秀润缜密。由于其潇洒飘逸、傲世不羁，又刻"江南第一风流才子"章，故被后人误解，留传许多风流传说，如"唐伯虎三点秋香"等。其实唐寅共娶妻三次，虽也风流偶傥，但很多传说是与他无关的，至于"三笑"或"九美图"等，只是人们的想象和讹传而已。

唐寅45岁时，本可在"桃花仙境"中一直平静地生活下去，可造化弄人，正德九年（1514年），江西宁王朱宸濠突然派人来吴门地区征贤，宁王的重金聘请对入仕无门的唐寅无疑是一个难得的机会，于是唐寅当即乘船西行，来到南昌，并受到朱宸濠的热情款待。实际上宁王并非真的礼贤下士，而是要笼络人才准备谋反，唐寅察觉到宁王反叛的意图后，无奈之下装疯卖傻，及时脱身返回故里。1519年，宁王谋反并战败。唐寅逃过一劫，没有受到牵连，不过还是受到一定的打击，纵酒消愁，变得更加颓废。从此断而信佛，并自号"六如居士"。"六如"取自佛教《金刚经》："一切有为法，如梦幻泡影，如露亦如电，应作如是观。"自治一方印章"逃禅仙吏"。自南昌回乡后，唐寅的生活非常贫苦，又因常年多病，已无法作画，而他的画有时也卖不出去了，生活更加艰难，只好向好友借钱度日。他在一首诗中写道："青山白发老痴顽，笔砚生涯苦食艰。湖上水田人不要，谁来买我画中山。"诗中的心酸反映出唐寅所处的困境。

晚年的唐寅，其友文征明、祝允明等人都各有各的难处，已没有能力再帮助唐寅了。只有著名的书法家王宠经常来救济他，并娶了他唯一的女儿为儿妻，

画坛明四家

135

这成了唐寅晚年最快乐的一件事。明嘉靖二年（1523年），唐寅一日去好友家做客，偶见苏东坡真迹之词，其中有"百年强半，来日苦无多"，触动其心境，唐寅心酸不止，回家后便一病不起，不久后结束了他凄凉的一生，享年54岁。唐寅死后，朋友们凑钱为他安排了后事。祝允明写了一千余字的墓志铭，由王宠手书，刻在石碑上，以供后人瞻仰。唐寅仕途坎坷，晚景凄凉，以至于他的作品近乎散佚。清朝时期，仰慕唐寅才华的毛晋路过唐寅坟边，见杂草遍生，牛羊放逐墓园，感慨万分。问后方知，唐寅已无后人在世，唯一伎孙孀妇，经济拮据，以至于一代才子四时之祭匮乏。毛晋甚是感概，为唐寅重修墓封，如今保存完好。

唐寅的一生是短暂的，但在古代画家中，能够在民间妇孺皆知、家喻户晓的只有唐寅一人，有人戏称"古来画家谁有名，数来数去唐伯虎"。这与他的才子盛名和坎坷的戏剧人生是分不开的。唐寅为人洒脱，才华横溢，孤傲狂放。在唐寅看来，人生一切的荣辱得失都不过是一场梦幻，"生在阳间有散场，死归地府也何妨。阳间地府俱相似，只当漂流在异乡"。这种旷达傲世的精神正是唐寅与众不同之处，唐寅无愧于古代文人的典型代表，不愧于"江南第一风流才子"之名。

### （二）唐寅的艺术才华

唐寅一生坎坷，虽才华横溢，却经历了常人少有的磨难。但他在艺术上的造诣，足以使其在明代的艺术史上留名，尤其是他的绘画。唐寅吸收了院派和文人画的长处，开创了一条能表现自我精神的画路。若不是他英年早逝，以他的才华在绘画成就很可能超过沈周和文征明。

唐寅一生创作了大量的绘画作品，他的绘画宗南宋院体，被后人列入院派体系。唐寅早年的画风是学沈周的，后向周臣学画。周臣，字舜卿，号东村，姑苏人。用笔纯熟，用墨浓重而干枯，有很好的技法功底。周臣的教学，毫无保留，诲人不倦，甚至学生唐寅的名气超过自己，也不以为辱，还称"但少唐生三千卷书耳"，后期还向唐寅学习，并帮学生代笔。

唐寅的绘画最有成就的当属数量最多的山水画。由于唐寅作画很少在画上注明年份，且他的画风变化也不是很有规律，所以很难推测他作画的时间，也就难以按照时间来划分他的画风变化进程。他最早一幅有记载的画是成化二十二年（1486年）17岁时画的《贞寿堂图卷》，不过是自学时的画作。在正式学画之后，唐寅的山水画大致有三种类型：第一类是受沈周、文征明画风影

响的细笔山水画；第二类是受周臣影响的院体山水画；第三类是带有个人特点的山水画。唐寅的细笔山水画很多，并且非常有代表性。这些作品大多受沈周、文征明的影响，虽有些南宋院画的风格，但并不明显。唐寅的细笔风格的山水画有《南游图》《后溪图》《琴士图》《秋庭记图》《款鹤图》等，其画面清新高洁，温润流畅，山石树木都是细笔，树叶无论是点还是勾勒，用笔都很沉重质朴，粗中带细，很似沈周的点叶，其中用胡椒点叶的方法，同文征明的画树法也很神似。会试回来之后，唐寅拜周臣为师，开始悉心绘画。他的第二种山水画类型，即院体画风的山水画风貌开始形成。唐寅向周臣学画时，以临摹南宋院画为基础，他的《华山图》是在向周臣学画后创作的作品，画法就是以学李唐早期作品为基础的。山石凝重，用的是大斧劈皴，将山石的险峻表现得恰到好处。《溪山渔隐图》是一幅师周臣得其南宋院画风格的作品。此图是一长卷，分为十个部分。山石的皴法用中锋，与李唐的《万壑松风图》很相似，只是湿气相对重些，人物线条柔顺中不失劲利，船的线条挺直而有力，非常接近马远的《钓艇图》。唐寅院体画风作品很多，著名的有《春游女儿山》《茅屋风清图》《雪山行旅图》等，此外还有以南宋院画风格为主的《看泉听风图》《抱琴归去图》《函关雪霁图》《古木幽篁图》《清溪松荫图》《晴色湖光图》等等。这些作品基本上都用小斧劈皴法，绵密厚重，如《清溪松荫图》就是典型的小斧劈皴，这是唐寅学周臣时期的静心之作。唐寅山水画最后一种类型，即具有自我面貌的山水作品。这一时期也是唐寅山水画风发展的重要阶段。其实，唐寅在向周臣学画的同时，就已显露出自己作画的风格，如山峦的形状不似周臣那样僵硬，画面布置更为巧妙，转笔也较为圆润灵活，不像周臣那样方

画坛明四家

硬峻刻。在桃花庵住所建成之后，其卖画生涯也迫使他必须创作出具有自己面貌的作品。唐寅作画很少在画上注明年份，但在他40岁以后，其作品中的署年款逐渐多起来。可见唐寅在主观上已开始更关注自己的作品了。唐寅最具代表性的山水作品，是他47岁时画的《山路松声图》，此画上面钤印"梦墨亭""南京解元""逃禅仙吏"三枚，可知是他晚年皈依佛门后的作品，这幅画描写古代隐士的生活。山石的画法，虽明显取法于李唐、刘松年，但唐寅改变了他们以侧锋挥毫、大块勾斫、笔锋毕露的画法，而是采用中锋兼带侧锋勾斫或点斫，挺拔中见柔和，这表明唐寅已将沈周、文征明的笔墨观念化为己有。具有唐寅绘画风格的作品还有《春山伴侣图》，这是一幅将宋人和元人笔墨熔于一炉的典型作品。另外如《落霞孤鹜图》《草堂话旧图》《杏花仙馆图》《柳桥赏春图》《雪霁看梅图》等作品，都独具风格，只是重点略有不同。唐寅向前辈沈周、周臣学习，无门户之见，博采众家之长，最终创立了自己的风格，加上会试失败后的千里壮行，唐寅已对名山大川感受深刻，虽画的多为无名山川，但万物生机盎然，不见元画的苍浑迷茫。画面景致真情实感，笔法潇洒柔和，主题雅俗共赏，这些都超过了同时代的吴门画家。

唐寅的人物画多取材于高人韵事、神仙故事以及宫妓、歌妓之类。在画法上大致可分两类。一类以线条工细、劲利，设色艳丽为特点。这类画的代表作是《孟蜀宫妓图》，这幅画是唐寅工笔仕女画中的精品。取材于五代西蜀后主孟昶的"时宫皆衣道服，顶金莲衣冠红霞"的历史记载，反映前蜀的宫廷生活。仕女画是我国传统人物画中的一个重要组成部分，画家通过妇女形象的塑造来体现不同时期的现实生活、伦理观念和审美趣味，成为中国绘画艺术中具有独立审美意义的门类。唐寅静心描绘了四个盛装的宫妓，金银宝钗，华丽盛装。画面色彩或浓或淡，或冷或暖，呼应相衬，变化十分巧妙。在仕女脸部设色以

白粉烘染额、鼻、颊的"三白法"，是继承了唐宋以来张萱、周昉、周文矩的仕女造型，又加入柳眉、小眼、樱唇等时代风尚，描绘出明女子弱不禁风的情态。另外《陶穀赠词图》的画法也属工细劲利之类。这幅画取材于李唐的《拾遗记》里的故事。反映北宋大臣陶穀人前人后庸俗不堪的变化，为讨好女色而赠词，展现了一副贪婪丑

中国古代绘画大师

恶的面孔。唐寅所画人物形神俱佳，尖刻地嘲笑像陶毂这类道貌岸然的伪君子，大胆地向封建礼教挑战，这也是唐寅一贯反对虚伪的写照。另一类人物画是将李公麟的白云流水描和颜辉的折芦描融合在一起，线条起伏抑扬，转笔方劲，笔墨较为粗放，富有韵律感。此类作品有《秋风纨扇图》《牡丹仕女图》《东方朔》《人物》等，这一类的代表作是《秋风纨扇图》，此画用水墨画描绘秋风中一女子手

执纨扇面露悲戚之情，题诗："秋来纨扇合收藏，何事佳人重感伤。请把世情详细看，大都谁不逐炎凉。"抓住纨扇夏用秋藏的特点，把夏去秋来的更替产生的炎凉变迁，同当时人情冷暖、世态炎凉巧妙地联系起来，感叹人生的稍纵即逝。他对社会下层妇女寄予深刻的同情，讽刺世态炎凉的社会风气，思想内涵超过前人作品。全幅画纯用白描，以意笔为之，注重画面的大面积留白，营造出萧瑟、冷漠寂寥的画境。署名"晋昌唐寅"，并钤印数枚。中国画印章与书画并列，普遍使用在元代。唐寅自己一般不制印，《秋风纨扇图》上有一枚"唐寅制印"，应是其自己刻的。唐寅因为对仕途的绝望，纵酒狎客，常常夜宿青楼，同情青楼女子的不幸命运，借纨扇隐喻妇女遭受遗弃的"宫怨"宿命。所以，唐寅在对人生思考中流露出对身份卑贱的弱小者的同情。

　　唐寅擅长写意花鸟画。他的花鸟画既不同于院体，又与沈周的沉稳雄厚、文征明的清秀典雅不同，他的花鸟画活泼洒脱、生趣盎然，笔墨技法酣畅淋漓，又富有真实感，其花鸟画的代表作是《枯槎鸲鹆图》。这幅画以简约而准确的笔墨抒写了空山雨后的自然小景。其构图用折枝法，画面一只墨八哥正栖于枝头引吭高鸣，树枝似乎都在应节微动，从而显现出自然界生命律动的和谐美。整幅画墨色淡雅明净，增添了空山雨后幽旷恬静与清新的气氛。右上角题诗云："山空寂静人声绝，栖鸟数声春雨余。"寄寓了画家超凡脱俗的清高。这幅画属小写意，以书法入画，以写代描，从中可见作者在花鸟画方面也深得文人画精髓。唐伯虎亦是吴中写生高手，传说唐寅所作的《鸦阵图》挂在家中，有一天引数千只乌鸦纵横盘旋在屋顶，恍若酣战，堪称奇绝。唐寅作写意花鸟画取材较文征明广阔，现存的《雨竹图》《临水芙蓉图》《梅花图》《观杏图》《罂粟花图》等作品，都以水墨提炼形象。从历史记载中，唐寅的花鸟画技法极其

画坛明四家

卓越，花鸟画的高雅意境也得到了大家的一致肯定。

明代非常重视书法，明代中叶的书坛高手大多出自吴门，一时有"天下书法尽归吴中"之誉。其中有"吴中三子"，即祝允明、文征明、王宠，这三个人各具不同的艺术风格，延续了书法本体的发展。这三人都与唐寅关系密切，唐寅与祝允明的关系最为深厚，唐寅生前也最听祝允明的话。祝允明（1460—1526年），字希哲，号枝山，因右手多生一指，又自号枝指生。其书法自成一体，被誉为"明朝第一"。唐寅的字似乎比不上以上三位，一是由于他的书名被他的画名所掩盖，如民间流传有"唐伯虎的画，祝枝山的字"之说。二是由于早逝，书法尚未到"通会之际，人书俱老"之境界，因为文征明到了50岁，书法才渐趋成熟。唐寅早年书法从赵孟頫书体入手，而上溯李北海，30岁以后开始学习颜真卿，37岁又转学赵孟頫、李北海，不过这时是赵、李二人书法的结合，唐寅的书法大多凝重古朴，特别是学了颜真卿、米芾以后，书法更没有弱薄妩媚的习气。唐寅资质聪慧，在书法上天分也极高，若不是英年早逝，他的书法完全有可能突破古人。唐寅是一个绝顶聪明的天才，别人需要几年甚至几十年才能达到的功力，他随手可得。在书画、诗文等各方面都取得了一般人想都不敢想的成就。他通过艺术直抒胸臆，特别是唐寅的诗文，将自己的喜怒哀乐尽收笔底，可以说唐寅的诗文是他一生的真实的记录。在诗文中他自嘲道："兀兀腾腾自笑痴，科名如鬓发如丝。百年障眼书千卷，四海资身笔一支。"晚年的唐寅皈依佛教，心绪与安贫乐道、超尘拔俗的思想相结合，诗作依然不失豪迈，即使在病中还奋笔疾书道："醉舞狂歌五十年，花中行乐月中眠。漫劳海内传名字，谁信腰间没酒钱。书本自惭称学者，众人疑道是神仙。些须做得工夫处，不损胸前一片天。"

纵观唐寅的一生，他的诗文和书画大都是自己生活的写照，个性的张扬造就了他敢于正视现实的一面，对封建意识和传统儒学的反抗，使他成为书画名人。

唐寅具有深厚的文学艺术修养，经历坎坷，见闻广博，对人生、社会的理解较深，所以作品雅俗共赏，声名远播。但他也不可能是一位完人，晚年的他笃信宿命论，使其逆来顺受的思想非常严重，也使他自暴自弃、颓废沮丧，一位非同凡响的艺术家被封建科举的荣辱主宰了整整一生，成为古代文人悲剧的代表。

中国古代绘画大师

# 五、仇英的生平及绘画艺术

## (一) 仇英由画工到画家的生涯

仇英（约 1502—1552 年），字实父，号十
洲，原籍太仓，寓居苏州。关于仇英的生卒年，
至今仍是一个有争议的问题。由于《明史》无
传，画上题跋又很少，各种记载也不是很多，
因此我们只能通过各种资料的考证得出仇英大
致的人生轨迹。

据考证仇英出身卑微，无任何家庭背景。
张潮《虞初新志》说他"其初为漆工，兼为人彩绘栋宇，后徙而业画，工人物
楼阁"，从这些表述来看，仇英出身普通，是一名普通的民间画工，由于自身努
力和机遇，使他成为中国美术史上少有的平民百姓出身的画家。仇英到了苏州
之后，跟随周臣学画。周臣是一位职业画家，即当时所谓的画工、画师之流，
在当时文人的眼里，是没有文化、不能登大雅之堂的。实际上，周臣的绘画功
底深厚，具有深湛的"行家"功力。他善画山水，兼画人物，构图周密，继承
了李唐、马远的风格，并汲取宋元多家之法，形成自身风貌，造诣可与明初的
戴进齐名。出身于彩绘漆工的仇英受到画家周臣的赏识，在他门下练就了扎实
的基本功。继承了雄健恣纵的笔墨长处，形成他中年时期以严谨劲厉为主调的
艺术特点。

唐寅与仇英都拜师于周臣，但唐寅比仇英要大 20 多岁。正德四年，仇英大
约 16 岁左右，唐寅即和他合作画《桃渚玩鹤图》。盛桃渚是当时的名士，沈周、
文征明、唐寅等多次为他作过画。此画由唐寅布景，主体由仇英完成，可见仇
英当时的画技确实达到了一定的水平。正德十二年，文征明 48 岁，仇英大约
24 岁，二人合作《湘君湘夫人图》，王稚登题识谓："少尝侍文太史，谈及此
图云，使仇实父设色，两易纸皆不满意，乃自设之以赠王履吉先生，今更三十
年始独观此迹，诚然笔力扛鼎，非仇英辈所得梦见也。"由此也可证明仇英少年

画坛明四家

学画时也得到过文征明的指导。此外，仇英还和沈周、文征明、唐寅、周臣一起合作画过画。"江南四大风流才子"之一的祝允明还不顾眼疾为仇英题画。仇英与当时的文人交往也比较密切，如王宠、文彭、文嘉、文伯仁、彭年、陈淳、陆治、陆师道、周天球等，他们多次为仇英的画题诗作跋，加以传颂。仇英与这些文人结成艺友，在艺术上深受"吴派"熏陶，使其源于周臣的南宋院体风格逐渐趋于清雅。

自古以来，临摹古字画的行业在中国艺术史上有相当重要的地位，宫廷和民间都有专职人员从事这项维系文化传统的工作。这一行业又和民间绘画中的不少内容有关，如灯画、扇画、木刻版画以及其他形式的风俗装饰画，以满足社会各阶层文化生活的需要。明代江南地区书画鉴藏风气极盛，装池、修补、鉴定及副本的摹绘日益考究，仇英便是临摹古画的高手。他所临摹的仕女画"发翠毫金，丝丹缕素，精丽艳逸，无惭古人"。仇英摹绘不少古代作品，留下许多尺幅巨大、艺术精美的副本。

仇英的画精致秀丽，深得一些收藏家和富商的青睐，纷纷与之交往，或请至家中驻馆作画，或订件资助其创作，同时为他提供众多家藏的前代名迹以供观赏临摹，这使仇英得以广泛学习宋元诸家，画艺更加精湛。据清代褚人获《坚瓠集》记载："周六观吴中富人，聘仇十州主其家凡六年，画《子虚上林图卷》为其母庆九十岁，奉千金，饮馔之半逾于上方，月必张灯集女伶歌宴数次。"这幅《子虚上林图卷》描绘了各种人物、鸟兽、山林、军队、旗辇，极工细精丽之能事。作为对这样一位重要的艺术赞助人的报答，仇英还为周氏画了《弹箜篌仕女图》《赵孟頫写经换茶图》等精湛的作品。在与仇英交往的收藏家中，最重要的一位是嘉兴的大收藏家项元汴，他对仇英艺术的精进起着非常特殊的作用。项元汴（1525—1590年），字子京，号墨林居士。他算得上是中国历史上最大的私人收藏家。他善于经营，家富巨资。又酷爱收藏古董，尤以书画为最，收藏了极多的宋元书画名迹，在江南地区可谓首屈一指。项元汴阅画无数，他的眼力早期多仰仗文征明父子的熏染，同时也是画中高手。其后他又用他的收藏陶冶出另一位鉴定名家——董其昌。项元汴闻仇十洲之名，特邀仇英做客，并一住就是

中国古代绘画大师

十多年。这期间，仇英观摹项氏家藏宋元画千余幅，并为项元汴创作大量作品，如署名嘉靖二十六年（1547年）的《水仙腊梅图》轴和《临宋元六景》，以及无纪年的《松溪横笛图》轴、《蕉荫结夏图》轴、《桐荫清话图》轴等，还为其兄弟项元淇作《桃村草堂图》轴。仇英从古画中广泛地汲取前代大师的创作经验和艺术技巧，从而形成了自己鲜明的特色，

逐渐赢得了士大夫们的称赞。晚年的仇英和苏州的富豪陈官交往密切，并得到他的大量资助。今传世作品中，《桃源仙境图》《溪山楼观图》和《蛮夷职贡图》都是仇英为陈官所作。另外，仇英还得到过徐宗成、王献臣、周凤来、华云等人的资助。仇英在这些江南富豪和收藏家的资助下，常常寄居在资助人的家中，通过观摩大量的家藏古画，开阔了自己的艺术视野，这是作为一名平民艺术家得以在艺术上迅速提高的重要手段，也使他作为一个出身低微的画工跻身于画家之林，并与诗书满腹的沈周、儒家风范的文征明、风流倜傥的唐寅齐名，成为画史上的"明四家"之一。

　　仇英刻苦专研，潜心创作，专心绘事，后人记载："实父作画时，耳不闻鼓吹阗骈之声，如隔壁钗钏戒顾。"（董其昌《画禅室随笔》）正是这种苦功使他绘画才能全面拓展，青绿山水。水墨山水、工笔重彩人物、界画、白描、写意人物甚至花卉等技法，无不臻于纯熟精进的境地，并创作了许多他人难以企及的鸿篇巨制。仇英追求画面纤细、精巧的同时，也注重绘画的古典淳朴，以水墨的淡雅，文化的内涵深邃，开创了区别浙派后期独特的艺术风貌。仇英的艺术成就，在于他能够把工笔重彩的人物画和青绿设色的山水画，这些容易变成流俗的艺术，改造成能符合士大夫口味的艺术风格。更可贵的是他在继承唐宋以来优秀传统的基础上，将民间艺术与文人画很好地融合到一起。即使像董其昌那样偏激的文人画画家，也不能不服膺于他。

　　仇英有一个女儿，叫仇珠，号杜陵内史。《丹青志》说她"绰有父风""翱翔画苑，廖乎罕见"，并赞她为"窈窕之杰"。在我国绘画史上，父女兼画者并不多见。仇珠以细密精研工于人物，曾临李公麟白描《群仙高会图》，笔意不凡。

仇英年寿50岁有余，但在人物画、青绿山水画等领域，有超越前贤、开拓新格的独创之处。他作画是极其勤奋的，但他毕竟出身画工，欠缺文学、书法上的修养，其作品虽功力深厚，技艺娴熟，仍未能彻底摆脱画工之习，作品刻意于情节性的描绘，而缺少深刻的内涵，有时也会过分追求精致艳丽，笔墨流于纤秀谨刻，减弱了笔墨的韵味。最可惜的是，虽然仇英的绘画面貌多姿多态，却未能形成一种特别鲜明的主体性风格，因此他对后世的影响，远不及沈周、文征明、唐寅等大家。

## （二）仇英的绘画艺术

仇英精研"六法"，人物、山水、走兽、界画等俱能，临古精深。师从周臣后，拥有扎实的造型能力，虽不能以诗自恃，却能与诗、书、画兼优的沈周、文征明、唐寅一样，在艺术上取得不俗的成就，足见他绘画有与众不同的特点。

仇英的山水画有水墨和青绿两种画法。其中水墨山水以南宋院体为主，兼容文人画之法，具雅逸之致。如《溪山楼阁图》。而其晚年的水墨山水，则更多吸收了元明画家婉约蕴藉的笔墨长处，笔致转为含蓄简练，率意畅快，墨色的皴染融浑虚和，带有较多写意的成分，如《蕉阴结夏图》《桐阴清画图》和《右军书扇图》等，都表现出萧疏简远的艺术风格。明代山水崇尚水墨精华，就连院体也一味趋于水墨，而仇英却在青绿山水尤有建树，他以南宋"二赵"为源，兼取赵孟𫖯和文征明，形成了工整清丽的独特面貌。他的山水境界宏大繁复，物象精细入微，山石用勾勒法，兼带细腻的皴法和渲染，色彩浓丽而又不失明雅，严谨精丽中透出文人画的妍雅温润，具有雅俗共赏的格调。仇英晚年的青绿山水在吸收赵、文二人技法的基础上，笔墨趋向灵秀简逸，色彩渐为淡

雅。如《云溪仙馆图》和《仙山楼阁图》，笔法精细，已不同于宋画的端整和单一，山石兼施多种皴法，设色也较前期显得清雅。他的青绿山水作品，多以仙境为主题，注重对可游可居环境氛围的烘染，减少对神秘虚幻色彩的渲染，将人世与仙境联系在一起，把幻想变为现实。纵观仇英的青绿山水，他集宋元明各家之长，融民间绘画之

精华，形成了工而不板，艳而不媚，精致秀雅的自家风格，建立起青绿山水的新典范，就连董其昌也深为叹服。

《剑阁图》是仇英青绿山水画的代表之一。这张青绿山水画篇幅巨大，绢本，唐代李白诗云："蜀道之难难于上青天。"而剑阁为蜀道上最为雄险之处。仇英的《剑阁图》所表现的正是剑阁县的剑门栈道景观。从绘画技法中虽能感到李唐、萧照之踪，但工整细致则更胜一筹。此图人物的画法工细，赋色鲜亮。图左偏上处作者以篆书题"剑阁图"三字。与《剑阁图》手法近似的还有《玉洞仙源图》轴，绢本，青绿设色。勾勒精工，学赵伯驹一派。松壑云山，幽深高远，烟霞锁山腰，雅士临溪抚琴，童子静于其中，真似仙山圣境。《桃溪草堂图》轴，绢本，大青绿设色。画中云烟缭绕，松柏及桃林布满山坳草堂之间；松下一文人闲步，一童捧瓯过桥，一童踞溪侧洗砚。手法工致，色彩浓丽，突出了隐居环境的幽静。画幅四角均有项家的收藏印记，应是项元淇所作。因此有人猜测所画人物为项元淇肖像。仇英把项元淇描绘成一个风尚高雅的隐士，这是对当时士人最好的评价，董其昌对这件作品给予了极高的评价，在绫边题跋中说："仇实父临宋画无不乱真，就中学赵伯驹者，更有出蓝之能。"

不但是长幅巨制，仇英在册页甚至扇面中，也有比较好的青绿作品，如传世折扇《羲之观鹅图》，此画金笺本，山石采用斧劈皴，皴擦之迹十分明显，雅士羲之凭阑观鹅，一切都布置得井井有条。画无款，此画见于项元汴著录，也有项元汴的收藏印，背面又有丰坊书《兰亭序》一篇，上款亦书"元汴"，应是为项氏所画。

仇英的人物画，亦分工细的设色和粗简的水墨两种画法。粗笔水墨人物，取法马远和杜堇，线条简练，具文雅之气，善用折芦描、兰叶描，人物气质潇洒清雅，有别于"院体"和"浙派"。代表作品有《右军书扇图》轴、《柳下眠琴图》轴等。工笔人物尤以仕女画最为著称，有"仇派"仕女之说。代表作品有《人物故事图册》《修竹仕女图》轴等。人物画在唐代时代曾辉煌一时，元代以后，随着文人画思潮的流行，崇尚表现自然物象以抒发画家心志和表现个人情操的山水画和花鸟画蔚然成风，人物画渐趋衰落。元代擅长画人物者为数寥寥。明初宫廷画家和职业画家中，虽有人物画高手，但终不能和唐宋时代的人物画媲美。仇英由画工做起，阅唐宋古画无数，其师周臣在人物画方面也颇有心得，因此仇氏在人物画方面有很深的功底，创作了不少经典的人物杰作，在某些方面的成就超过了在他之前擅长画人物画的杜堇和唐寅，从而成为一代人物画大师。

仇英没有书法的功底，没有诗文的积累，于是他扬长避短，避实就虚，专拣历史故事来画。他注重实际的技巧运用，但对空玄的意境则适可而止，尤其表现在历史人物故事画的创作中。他的《人物故事图册》《金谷园图》《春夜宴桃李园图》《赵孟𫖯写经换茶图》《蛮夷职贡图》等作品构思周密严谨，或场面宏大，人物众多；或结构紧凑，主题突出。《人物故事图册》共十页，均为绢本。这些册页画幅不大，但作者在撷取典型情节、形象来表现题意方面，显示出缜密巧思。如"南华秋水"用拟人手法，将凝望流水的男子和侍立的女子，比拟为"南华"和"秋水"，隐喻"秋水时至"，深得庄子《秋水篇》哲理。"子路问津"则构图奇绝，画面以对角线为界，景物一远一近，一虚一实，大开大合，对比强烈。左下角的点题人物子路与老丈正位于对角线两边，使画面焦点自然集于此处。此册人物形象刻画准确生动，笔法工整精细，得宋院体画精髓。又如《蛮夷职贡图》，长达580厘米，图中职贡队伍共有十一支，人物多达二百余人，画了九溪十八洞主及东、西、南、北各边地部族，前后参差疏密有秩，队伍浩浩荡荡而井然有序。异土或外邦的人物，殊貌异像，略无违谬，精妙丽密，不愧为大手笔之作。

仇英的人物画中，以仕女画比较特殊，他创作的仕女画有情节，笔法婉转流美，线条多变，以致时人对他有"周昉复生，亦莫能过"之誉。其有繁复的巨幅长卷，如《汉宫春晓图》，在宏伟华丽的皇宫庭院背景下，表现妃嫔形态各异的生活，画面丰富而真实；还有以故事情节取胜的单体仕女画，如《美人春思图》《沙汀鸳鸯图》《鸳鸯仕女图》《修竹仕女图》《捣衣图》等，主题大多表现闺阁女子怀春、怨秋、思夫等凄婉惆怅的情绪，这些仕女形象，异于唐宋时期的女子，呈现的是一种多愁善感弱女子的形态，着重刻画特定情景中女子的神态和心情，反映明代妇女所受的精神束缚，同时隐含着画家对纤弱女子的怜爱。这种女子的艺术形象一直沿袭到清代。

仇英的人物画多为工笔重彩，中年时线描偏于挺拔方峻，之后行笔转向细劲流畅。他另有一种白描人物画法，特有高古清逸的意韵，墨色清淡，径入北宋李公麟的门庭。晚年的仇英画了很多以表现文人休闲生活为主题的作品，诸如文人读书、弹琴、赏泉、论画等，同时笔墨简率放逸、含蓄蕴藉，形成雄畅而不狂肆、率放而不颓唐、明快清逸的风格。如《松阴琴阮图》《停琴听阮图》《柳下眠琴图》《松溪横笛图》等，这些作品人物刻画生动具体，比起那些文人画寥寥几笔的点景式人物更富有生趣，更具观赏性。

仇英在艺术上的另一个突出贡献在他摹古仿古。明王稚登记载道："特工临摹，粉图黄纸，落笔乱真。"在传世作品中，《摹天籁阁宋人画册》和《临萧照中兴瑞应图》为刻意临古之本，堪称摹古杰作。后图仅存四段，画中建筑的比例、形象、风格以及细部都极其忠实于原作，再现了南宋萧照绘画的神髓，可谓"下真迹一等。"《临宋元六景图》和《仿李唐山水卷图》则是仇英仿古人笔意的意临之作。技法兼施互用，呈现出集古人诸家之长而混合天成的妙处。另外，以北宋张择端原作《清明上河图》为蓝本而进行"再创作"的仿品，也是一副杰作。这幅《清明上河图》在历代《清明上河图》摹本中，仅次于张择端的《清明上河图》真迹。这幅作品，高0.3米，长达9.87米，比宋本长近一倍，采用青绿重彩工笔，画中人物超过两千个，神态各异，栩栩如生。仇英借鉴了张择端画汴梁城的结构布局，但画了不少明代的新鲜事物，如当时苏州地区标志性建筑天平山、运河、古城墙等，皆清晰可辨，茶肆酒楼、装裱店、银楼、洗染坊细微处体现的是江南水乡特有的生活情致，与原作相比，极具时代气息，是一幅历史与现实相结合的社会风俗画，反映了明代中叶苏州繁华的商业、手工业和社会风俗的信息。该画艺术欣赏研究价值虽不能与张择端的宋本《清明上河图》相媲美，但在历代《清明上河图》摹本中属精品，是辽宁博物馆的镇馆之宝。目前传世的《清明上河图》有六七十个版本之多，却数张择端本和仇英本最负盛名，因为其他版本均是对这两位大师的模仿。

仇英作画踏实、勤奋好学，在画坛上赢得了行家的赞誉。同时在艺术市场和影响力上也取得不俗的成就。据项元汴记载，他当时收一张元代画不过用了"三十金"；收一张文征明的《袁安卧雪图》，"原价十六两"；而他收藏仇英的《汉宫春晓图》，竟花了"二百金"。请仇英用六年时间画一卷五丈长卷《子虚上林图》，酬白银千两。即使以市场属性来看仇英的画，也是非常成功的。仇英的部分作品曾于明末传入日本，对日本画界产生过一定的影响。一个画工，以自己的天赋和努力，赢得社会如此高的评价，这在中国绘画史中也称得上一个特例。

画坛明四家